Grundregeln der deutschen Rechtschreibung

WAHRIG

Grundregeln der deutschen Rechtschreibung

Die deutsche Orthografie
auf einen Blick

von Peter Eisenberg

Bertelsmann
LEXIKON INSTITUT

WAHRIG

Fragen zur Rechtschreibung, Grammatik und Zeichensetzung beantwortet die WAHRIG-Sprachberatung unter

09001 89 89 60

(1,86 Euro pro Minute deutschlandweit)

und unter der Internet-Adresse

www.wahrig-sprachberatung.de

Redaktion
Dr. Sabine Krome
Layout, Datentechnik und Satz
Roman Bold & Black, Köln
Herstellung
Joachim Weintz
Einbandgestaltung
Groothuis, Lohfert, Consorten / www.glcons.de
Druck und Bindung
Clausen & Bosse, Leck

Printed in Germany
ISBN 978-3-577-07568-8

INHALT

Einleitung

1. Orthografische Regeln

Das Deutsche verfügt über einen Wortschatz von mehreren hunderttausend Wörtern, die selbst ein umfangreiches orthografisches Wörterbuch nicht alle enthält. Das ist auch gar nicht nötig, denn wenn jemand eine gewisse Menge an Wörtern richtig schreiben und lesen kann, dann dient ihm das als Grundlage für das Schreiben und Verstehen einer viel größeren Zahl von ihnen. Er kennt dann nämlich die Regeln, nach denen wir schreiben, und er kennt die Wortbestandteile, aus denen komplexe Wörter aufgebaut sind. Unbekannte Wörter können geschrieben und gelesen werden, weil sie Bestandteile enthalten und nach Regeln gebaut sind, die man als Benutzer der Sprache beherrscht.

Der folgende Text möchte dem kompetenten Sprachteilhaber vor Augen führen, nach welchen Regeln er im Allgemeinen schreibt und liest. Diese Regeln erstrecken sich in erster Linie auf Wörter der großen Wortklassen, das sind die Substantive, Adjektive, Verben und Adverbien. Diese Klassen sind nicht nur besonders umfangreich, sondern sie sind auch offen in dem Sinn, dass man ihren Umfang nicht genau kennt. Durch Wortbildung und Entlehnung kommen ständig neue Wörter hinzu, aber andererseits können Wörter natürlich auch aus dem Gebrauch kommen und ganz verschwinden. Schon bei mittelgroßen Wortschätzen machen die offenen Klassen mehr als 98 Prozent des Bestandes aus. Solche Wörter werden weitaus überwiegend nach produktiven Regeln geschrieben, das sind diejenigen Regeln, nach denen wir unbekannte Wörter schreiben und lesen. Eine typische Regel dieser Art ist beispielsweise ‚Substantive schreibt man groß'. Sie gilt im Prinzip für Substantive jeder Art, jeden Alters und jeder Herkunft.

Auch die Schreibung der Wörter aus den kleineren, geschlossenen Klassen, also der Präpositionen, Konjunktionen, Artikel, Pronomina, Partikeln, Hilfsverben, einfachen Zahlwörter usw., ist nicht willkürlich, aber vieles ist individuell geregelt und muss Wort für Wort gelernt werden. Dasselbe gilt z. B. für historisch isolierte Wörter aus offenen Klassen. Nicht alle folgen den produktiven Grundregeln.

Beispielsweise hat das Deutsche eine produktive Grundregel zur Schreibung des Diphthongs (Doppelvokals) [ai] als *ei* wie in *Bein, fein, sein.* Daneben gibt es eine kleine Gruppe von Wörtern, die mit *ai* geschrieben werden, wie *Laie, Mai, Hai.* Obwohl es sich um Ausnahmen von der Grundregel handelt, fasst man solche Fälle unter einer besonderen ‚Regel' zusammen. Diese Redeweise ist auf den ersten Blick nicht ganz korrekt, aber sie ist auf jeden Fall praktisch, weil so auch die besonderen Schreibungen im Regelwerk auf einfache Weise behandelt werden können.

Manche besonderen Schreibungen halten sich sehr lange. So dürfte es schwierig sein, ohne einen Blick in die Geschichte des Deutschen zu begründen, warum *vor* mit *v* und *für* mit *f* geschrieben wird, warum *allein* zwei und *also* ein *l* hat, warum *flugs* ein *g* und *stracks* ein *ck* aufweist, warum *Lärm* mit *ä* und *Kern* mit *e* geschrieben wird, warum *Zeh* das lange [eː] als *eh* markiert, *See* aber mit *ee*. Das vorliegende Regelwerk greift Fälle dieser Art wo immer möglich auf und zeigt, welche Schreibmöglichkeiten es gibt. Das Hauptaugenmerk liegt aber bei den produktiven Regeln, eben weil die besonderen Schreibungen einen so geringen Anteil am Gesamtwortschatz ausmachen und es im Zweifelsfall effektiver ist, das Wörterverzeichnis in einem Wörterbuch zu konsultieren.

Zur Orthografie im hier verstandenen Sinn gehört auch die Zeichensetzung, bei der es ja wie in der Wortschreibung darum geht, normgerechtes Schreiben so weit wie möglich auf produktive Regeln zu gründen. Kann man sich vielleicht noch vorstellen, dass sich jemand Wort für Wort einprägt, wie man korrekt schreibt, so ist eine solche Vorstellung etwa für das Komma sinnlos. Es geht niemals um dies oder jenes bestimmte einzelne Komma, sondern stets um Kommas diesen oder jenen Typs. Zeichensetzung ohne Regeln ist undenkbar.

2. Heimische Wörter und Fremdwörter

Zu den Wörtern, die nach besonderen Regeln geschrieben werden, gehört unter anderen auch ein Teil der Fremdwörter. Unter einem Fremdwort versteht man ein Wort, das mindestens einen Bestandteil enthält, der für den normalen Sprachteilhaber ‚fremde' Eigenschaften hat. So sind *Genie, Rage* und *Loge* wegen ihrer besonderen Aussprache des *g* fremd. Das *g* wird hier nicht wie sonst üblich als [g], sondern als [ʒ] gelesen. *Soziałíst* und *soziál* haben die fremden (betonten) Suffixe *-ist* und *-al, Atlanten* und *Stimuli* sind fremde Pluralformen. Fremdwörter werden meist nicht als Ganze aus anderen Sprachen entlehnt, sondern sie enthalten nur bestimmte fremde Bestandteile. Beispielsweise ist der zweite Bestandteil in *Geniestreich* nicht fremd, genauso wenig wie das Suffix *-haft* in *geniehaft.*

Als Gegenbegriff zu Fremdwortschatz wird im Folgenden der Begriff Kernwortschatz verwendet. Zum Kernwortschatz gehören die heimischen oder nativen Wörter. Ob ein Wort zum Kern- oder zum Fremdwortschatz gehört, hängt nicht unbedingt von seiner Herkunft oder dem Zeitpunkt seiner Entlehnung ab. Wenn wir beispielsweise *Soße* schreiben, dann haben wir ein Wort des Kernwortschatzes vor uns. *Sauce* ist dagegen ein Fremdwort.

Das Regelwerk legt jeweils die Schreibregeln für Wörter des Kernwortschatzes dar und geht dann auf Besonderheiten der Fremdwortschreibung ein. In mancher Hinsicht lässt sich die Schreibung der Fremdwörter insgesamt erfassen. So können heimische Wörter wie *Lehrer* und *Sehne* ein sogenanntes Dehnungs-*h* enthalten, Fremdwörter wie *Serum* oder *Vene* jedoch nicht. Ein Dehnungs-*h* zeigt, dass ein Wort zum Kernwortschatz gehört.

In vielen anderen Fällen ist es aber nicht sinnvoll, die Fremdwörter den heimischen pauschal gegenüberzustellen. Denn oft ergeben sich Gemeinsamkeiten für Wörter mit Bestandteilen aus dem Englischen (Anglizismen) wie *City, Jobkarte, Manager,* für solche mit Bestandteilen aus dem Französischen (Gallizismen) wie *Allee, Trikot, degoutant* und schließlich für solche mit Bestandteilen aus dem Lateinischen oder Griechischen (Latinismen / Gräzismen) wie *Pathos, Diktator, symbolisch.* Natürlich wird diese grobe Einteilung den Einzelheiten von Entlehnungsvorgängen nicht gerecht und natürlich hat das Deutsche auch Wörter mit Bestandteilen aus zahlreichen anderen Sprachen. Aber den weitaus überwiegenden Teil der Fremdwortschreibungen kann man mit einer solchen Einteilung plausibel und recht systematisch erfassen.

3. Grundprinzipien der Schreibung

Obwohl das Deutsche eine Alphabetschrift hat, spielt für seine Orthografie keineswegs nur der Bezug von Buchstaben auf Laute oder von Lauten auf Buchstaben eine Rolle. Ein geschriebener Satz des Deutschen besteht nicht einfach aus einer Kette von Buchstaben für die vorkommenden Laute, sondern eine solche Buchstabenkette ist nach verschiedenen Gesichtspunkten systematisch strukturiert und vor allem ist sie stark gegliedert. So werden Wortabstände durch einen Zwischenraum (das Spatium) gekennzeichnet, zur wortinternen Gliederung dienen Bindestriche oder der Trennstrich zur Worttrennung. Auch die Verwendung von Großbuchstaben trägt zur Gliederung bei. Großbuchstaben treten aus der Menge der Kleinbuchstaben hervor und zeigen etwa an, dass eine Form am Satzanfang steht oder ein Substantiv ist. Zur Gliederung größerer Einheiten verwenden wir Satzzeichen wie Semikolon, Anführungszeichen und das Komma, Letzteres unter anderem zur Abgrenzung von Nebensätzen. Im Allgemeinen erfolgt die Gliederung der Buchstabenkette also nach grammatischen Gesichtspunkten: Silbe, Wort, Substantiv und Nebensatz sind grammatische Begriffe, die in orthografischen Regeln vorkommen. Die Orthografie nimmt in vielerlei Hinsicht Bezug auf die Grammatik, sie ist grammatisch fundiert.

Wichtigstes Gliederungsprinzip für eine Buchstabenschrift bleibt die Abgrenzung der Wortformen durch Wortabstände. Lässt man die Wortabstände in einem geschriebenen Text weg, entstehen erhebliche Schwierigkeiten beim Lesen. Ist die Wortform abgegrenzt, dann tritt sie uns als Gesamtgestalt entgegen und kann meist mühelos erkannt werden. Als Buchstabenkette lässt sie sich auf eine Kette von Lauten beziehen und umgekehrt lässt sich die Lautform auf die Schriftform beziehen. Wer die Orthografie beherrscht, kann einerseits gesprochene Wörter schreiben und andererseits geschriebene Wörter lesen. Beides gehört untrennbar zusammen.

Ein charakteristischer Zug des Deutschen ist, dass sich viele Regeln der Wortschreibung auf sogenannte Langformen beziehen. Die Formen *Rat* und *Rad* sind in der Aussprache gleich. Dass die eine mit *t*, die andere aber mit *d* geschrieben wird, erkennt man am Vergleich der Langformen, z. B. der Formen des Genitivs wie in *des Rates* bzw. *des Rades.* Ein anderes Beispiel ist die Schreibung von *König* und *königlich* mit *g*. Obwohl die meisten Sprecher den *ich*-Laut verwenden und sagen [kø:niç], schreiben wir nicht *Könich.* Man erkennt das wieder an der Langform *die Könige,* die im Gesprochenen das [g] enthält.

Die genannten und viele andere Eigenschaften von geschriebenen Wörtern werden von Langformen auf verwandte Wörter oder Formen übertragen. So haben alle Formen mit dem Stamm *Rat* ein *t*, die mit dem Stamm *Rad* ein *d*. Dazu gehören einmal die flektierten Formen des Substantivs wie *Rat, Rates, Räte, Räten* einerseits und *Rad, Rades, Räder, Rädern* andererseits. Man spricht dann von den Wortformen eines flektierten Wortes, hier eines Substantivs. Dazu gehören meistens aber auch die abgeleiteten oder zusammengesetzten Wörter wie *ratlos, Rathaus, Studienrat* einerseits und *Radler, Radfahrer, Fahrrad* andererseits. Bei Übertragung der Schreibweise einer Langform auf andere Formen spricht man vom morphologischen Prinzip der Orthografie. Dem morphologischen Prinzip ist zu verdanken, dass Wortbestandteile immer in derselben Weise oder weitgehend derselben Weise geschrieben werden und so für das Auge beim Lesen schnell erkennbar sind.

4. Aufbau und Darstellung des Regelwerks

Für das Deutsche gelten die Schreibungen als korrekt, die im amtlichen Regelwerk festgelegt sind. Die aktuelle Version des amtlichen Regelwerks gilt seit dem 1. August 2006 und ist in allen großen Rechtschreibwörterbüchern, so z. B. in „WAHRIG Die deutsche Rechtschreibung", abgedruckt. Die folgende Darstellung der deutschen Orthografie folgt in der Grobstruktur und in manchen Einzelheiten der amtlichen Regelung, so dass die interessierte Leserin und der interessierte Leser in die Lage versetzt werden, Regelformulierungen zu vergleichen.

Insgesamt sind die Unterschiede zum Text der amtlichen Regelung aber größer als die Gemeinsamkeiten mit ihm. Einmal sollen hier nicht nur Regeln formuliert, sondern auch begründet werden. Zum Zweiten wird eine einheitliche und verständliche Formulierung angestrebt, die sich nicht dem Charakter des amtlichen Regelwerks verpflichtet fühlt. Drittens sind die angeführten Beispiellisten so umfangreich und übersichtlich gehalten, dass das jeweils Gemeinte sofort ins Auge fällt. Die Unterschiede betreffen also allein die Formulierungen von Regeln, ihre Anordnung, Kommentierung und Begründung. Was die Schreibungen betrifft, folgt das Werk den amtlichen Festlegungen.

A Buchstabenschreibung

0. Vorbemerkungen

Die Wörter des Deutschen werden – wie die Wörter zahlreicher anderer Sprachen auch – mit den Buchstaben der lateinischen Alphabetschrift geschrieben. Ihr Grundprinzip ist, dass Laute und Buchstaben regelhaft aufeinander bezogen sind. Da aber diese Alphabetschrift ursprünglich nur für das antike Latein entwickelt wurde, waren in den anderen Sprachen Modifizierungen notwendig, um das Alphabet an das Lautsystem der jeweiligen Einzelsprache anzupassen. Auch das Deutsche stellt hier keine Ausnahme dar: Es wandelt einige Buchstaben ab *(ä, ö, ü)* und führt einen eigenen Buchstaben ein *(ß)*. Zu seinen Besonderheiten gehört auch, dass es in mehreren Fällen einem Laut nicht einen einzelnen Buchstaben, sondern eine Folge von zwei oder drei Buchstaben zuordnet. So entspricht dem langen Vokal [iː] in der Regel das *ie* wie in *Biene* und dem Konsonanten [ʃ] das *sch* wie in *Schrank.*

Die Regelungen zu Lauten und Buchstaben und damit die Schreibung von Wörtern beziehen sich auf die deutsche Standardaussprache. In der gesprochenen Sprache weichen wir dagegen oft genug von dieser ab: Laute im Innern der Wörter fallen weg, Endungen werden verschluckt: *sie fingn, sie warn, ich mein, ich wollt* **statt:** *sie fingen, sie waren, ich meine, ich wollte.* Es ist daher von großer Bedeutung, dass man die Wörter einzeln, langsam und deutlich auf Grundlage der Standardlautung vorliest. Man gelangt so zu einer Aussprache, die von den Fachleuten auch als Explizitlautung bezeichnet wird. Sie bildet die Grundlage der Wortschreibung beim lautierenden Schreiben.

Im Folgenden wird die Buchstabenschreibung getrennt für Vokale und Konsonanten dargestellt, wobei jeweils zuerst die Wörter des Kernwortschatzes und danach die Fremdwörter zur Sprache kommen.

1. Vokalbuchstaben Kernwortschatz

Grundlegende Zuordnungen

Für die Wörter des Kernwortschatzes werden 17 einfache Vokale angesetzt, dazu drei Diphthonge (Doppelvokale). Die wichtigste Einteilung der einfachen Vokale ist die in Langvokale und Kurzvokale.

R 1 Für die Schreibung der Wörter des Kernwortschatzes sind die folgenden Zuordnungen zwischen Vokalen und Vokalbuchstaben grundlegend.

Langvokale			Kurzvokale		
Laute	Buchst.	Beispiele	Laute	Buchst.	Beispiele
[iː]	*ie*	*Sieb, tief*	[i]	*i*	*Kind, mild*
[yː]	*ü*	*Tür, süß*	[y]	*ü*	*Küche, hübsch*
[eː]	*e*	*Weg, stets*	[e]	*e*	*Welt, gern*
[øː]	*ö*	*Möbel, schön*	[ø]	*ö*	*Köln, zwölf*
[ɛː]	*ä*	*Bär, nämlich*	[ɛ]	*ä*	*Lärm, ärmlich*
[aː]	*a*	*Tal, mag*	[a]	*a*	*Wand, kalt*
[oː]	*o*	*Hof, rot*	[o]	*o*	*Dorf, golden*
[uː]	*u*	*Mut, rufen*	[u]	*u*	*Puls, bunt*

Diphthonge			Reduktionsvokale		
Laute	Buchst.	Beispiele	Laute	Buchst.	Beispiele
[ai]	*ei*	*Bein, reich*	[ə]	*e*	*Gabe, großes*
[ai]	*ai*	*Hain, Mai*			
[au]	*au*	*Baum, blau*			
[ɔi]	*eu*	*Zeug, feurig*			
[ɔi]	*äu*	*Bräu, räudig*			

Das Inventar umfasst acht lange und acht kurze Vokale, dazu kommen die drei Diphthonge und der sog. Murmelvokal [ə], auch Reduktionsvokal oder Schwa genannt. Er tritt nur in unbetonten Silben wie der zweiten Silbe von *Gabe* und *großes* oder auch in Wörtern wie *laden, Atem, heiter, badest* auf. Er wird als *e* geschrieben. Zur Unterscheidung von Schwa werden alle übrigen Vokale als Vollvokale bezeichnet.

In den meisten Fällen steht einem Langvokal genau ein ihm entsprechender Kurzvokal gegenüber, z. B. [aː]/[a]. Ein solches Paar wird in der Regel durch denselben Buchstaben wiedergegeben. So kann der Buchstabe *a* auf den Vokal [a] *(Wand)* sowie auf [aː] (*Tal*) bezogen sein. Daneben kann die Länge oder Kürze aber auch durch Buchstabenkombinationen angezeigt sein. Diese Fälle werden im Folgenden unter **R15–R22** abgehandelt.

Einen Sonderfall stellen *i* und *ie* dar. Dem kurzen [i] entspricht der Buchstabe *i (Kind)*, dem langen [iː] dagegen in der Regel die Buchstabenfolge *ie (Sieb)*. Dies ist der einzige Fall, in dem der Langvokal systematisch auf eine Buchstabenfolge bezogen ist. Es gibt nur wenige Ausnahmen von dieser Regel, z. B. *Tiger, Igel, ihr, ihm* (**R25**).

Umlautschreibung

R 2 Umlautbuchstaben beziehen sich sehr häufig auf verwandte Formen mit dem zugehörigen nichtumgelauteten Vokal.

Dies betrifft, geordnet nach Umlautbuchstaben, Wörter und Wortformen wie:

Hähne – Hahn, nähme – nahm, Rädchen – Rad, Bäche – Bach, kälter – kalt, hätte – hatte, Bäcker – backen

Ströme – Strom, flöge – flog, röter – rot, löblich – Lob, Köche – Koch, öfter – oft, möchte – mochte, körnig – Korn

Bücher – Buch, klüger – klug, trüge – trug, Blümchen – Blume, Künste – Kunst, dümmer – dumm, pünktlich – Punkt

In anderen Fällen besteht ein solcher Bezug nicht, d.h. es gibt keine verwandten Formen ohne Umlaut. Beim *ö* und *ü* kommt dies häufiger vor als beim *ä*. Die folgende Beispielliste ist für *ä* ziemlich vollständig, für *ö* und *ü* dagegen nicht. Für *ö* und *ü* lassen sich zahlreiche weitere Beispiele finden.

Bär, Krähe, Strähne, Häher, Märe, Häme, Träne, Säge, Schäre, fähig, träge, zäh, gähnen, während, Lärm, Schärpe, März, Geländer, Äsche, Lärche, Färse, ätzen, dämmern

Föhn, König, Kröte, dröge, schön, hören, stöhnen, Hölle, Börde, Körper, Schnörkel, fördern, gönnen, schöpfen

Hüne, Krümel, Mühe, grün, kühn, küren, Küste, Schüssel, Bürste, Sünde, Hüfte, Hütte, Krücke, hübsch, würgen

In einigen Wörtern kann je nach Bezug sowohl mit als auch ohne Umlautbuchstabe geschrieben werden:

aufwendig – aufwenden / aufwändig – Aufwand, Schenke – ausschenken / Schänke – Ausschank

Diphthongschreibung

R 3 In einigen Wörtern wird der Diphthong [ai] nicht als *ei*, sondern als *ai* geschrieben.

Dies betrifft als wichtigste die Wörter:

Mai, Hai, Laib, Laich, Waise, Laie, Kaiser, Saite

Wie *ä* ist der Diphthong *äu* meist eine Umlautschreibung, das heißt *äu* ist auf *au* bezogen *(Haus – Häuser, laufen – Läufer)*. Wörter, zu denen es keine verwandte Form mit *au* gibt, sind selten. Zu ihnen gehören:

Knäuel, Säule, räuspern, sträuben, täuschen

2. Vokalschreibung Fremdwortschatz

Die Vokalschreibungen, wie sie in der Tabelle für den Kernwortschatz (**R1**) dargestellt sind, sind auch in Fremdwörtern weit verbreitet. Ein genereller Unterschied betrifft das *ie*. Langes [iː] wird in Fremdwörtern in der Regel als *i* geschrieben, z. B. *Krise, Maschine, Mime, Vampir* (dazu weiter **R25**). Daneben gibt es eine Reihe von besonderen Schreibungen, die für Fremdwörter mit Bestandteilen aus dem Englischen, aus dem Französischen sowie aus dem Lateinischen und Griechischen typisch sind. Im Folgenden werden die wichtigsten von ihnen aufgeführt.

Vokalschreibung bei Fremdwörtern aus dem Englischen

R 4 Für die Schreibung von Wörtern mit Bestandteilen aus dem Englischen sind die folgenden Zuordnungen zwischen Vokalen und Buchstaben typisch.

Langvokale			Kurzvokale		
Laute	Buchst.	Beispiele	Laute	Buchst.	Beispiele
[iː]	*ea*	*Team, Jeans*	[i]	*y*	*Baby, sloppy*
[iː]	*ee*	*Teen, Jeep*			
[ɛː]	*ai*	*Trainer, fair*	[ɛ]	*a*	*Fan, Gag*
			[a]	*u*	*Cup, Slum*
[uː]	*oo*	*Boom, cool*			

Diphthonge		
Laute	Buchst.	Beispiele
[ɛi]	*ay*	*Spray, okay*
[ai]	*i*	*Life, File*
[ai]	*y*	*Byte, Style*
[ai]	*igh*	*Light, high*
[au]	*ou*	*Sound, Account*
[ou]	*ow*	*Show, Know-how*

Anglizismen, die im Singular auf *-y* enden, erhalten im Deutschen die Pluralendung *-s*, also *Baby – Babys, Lady – Ladys.* (Im Englischen schreibt man dagegen *baby – babies, lady – ladies.*)

Die meisten Vokale in der Tabelle kommen auch im Kernwortschatz vor. Bei ihnen ist nur die Schreibung fremd (z. B. *Jeep – Hieb, Boom – Ruhm*). Die Diphthonge [ɛi] und [ou] wie in *Spray, Show* sind dagegen im Kernwortschatz nicht vorhanden. In Wörtern wie *Spray* und *Show* ist sowohl die Lautung als auch die Schreibung fremd.

Vokalschreibung bei Fremdwörtern aus dem Französischen

R 5 Für die Schreibung von Wörtern mit Bestandteilen aus dem Französischen sind folgende Zuordnungen zwischen Vokalen und Buchstaben typisch.

Bei Fremdwörtern aus dem Französischen sind die Laut-Buchstaben-Zuordnungen anders geregelt als im Kernwortschatz, insofern im Französischen häufig nicht der Wortstamm, sondern andere Wortbildungselemente, z. B. die Wortendung, den Hauptakzent tragen (*Friséur, Chaussée*). Aufgrund dieser Eigenschaft des Französischen lassen sich drei Arten von Vokalzuordnung unterscheiden:

1. In den Wörtern werden Lang- und Kurzvokal auf dieselbe Weise geschrieben. Ein betonter Vokal ist lang, ein unbetonter ist kurz:

Langvokale			Kurzvokale		
Laute	Buchst.	Beispiele	Laute	Buchst.	Beispiele
[ɛː]	*ai*	*Baisse, Chaise*	[ɛ]	*ai*	*Plaisir, Drainage*
[ãː]	*an*	*Orange, Revanche*	[ã]	*an*	*Orangeade, lancieren*
[õː]	*on*	*Annonce, Balkon*	[õ]	*on*	*broncieren, annoncieren*
[oː]	*au*	*Hausse, Sauce*	[o]	*au*	*Chauffeur, Chaussee*
[uː]	*ou*	*Tour, Route*	[u]	*ou*	*Tourist, Journalist*

2. Der Hauptakzent des Wortes liegt nicht auf dem Stammvokal, sondern z. B. auf der Wortendung:

Langvokale			Kurzvokale		
Laute	Buchst.	Beispiele	Laute	Buchst.	Beispiele
[eː]	*ee, é*	*Exposee, Exposé*			
[eː]	*er*	*Kollier, Atelier*			
[øː]	*eu*	*Milieu, Friseur*			
			[ã]	*ant*	*Pendant, Bonvivant*
			[ã]	*en*	*engagieren, Ensemble*
[oː]	*eau*	*Niveau, Plateau*	[ã]	*ent*	*Abonnement, Reglement*

3. In zahlreichen Fällen wird der lange betonte Vokal durch ein stummes *t* am Wortende angezeigt. Bildet man von diesen Wörtern eine Ableitung (*Filet* → *filetieren*), wechselt die Betonung auf die folgende Silbe, der Vokal wird nur noch kurz gesprochen und das *t* entsprechend der regulären Zuordnung von Lauten und Buchstaben wieder mitgesprochen.

Langvokale			Kurzvokale		
Laute	Buchst.	Beispiele	Laute	Buchst.	Beispiele
[yː]	*ü*	*Debüt*	[y]	*ü*	*debütieren*
[eː]	*et*	*Filet, Budget*	[ɛ]	*e*	*filetieren, budgetieren*
[ɛː]	*ät*	*Porträt*	[ɛ]	*ä*	*porträtieren*
[aː]	*at*	*Etat, Eklat*	[a]	*a*	*etatisieren, eklatant*
[oː]	*ot*	*Trikot, Depot*	[o]	*o*	*Trikotage, deponieren*
[uː]	*out*	*Gout, Ragout*	[u]	*ou*	*degoutant*

Vokalschreibung bei Fremdwörtern aus dem Lateinischen und Griechischen

Die wichtigste Besonderheit der Vokalschreibung bei Fremdwörtern aus dem Lateinischen und Griechischen ist das *y*, das einem langen Vokal [yː] *(Mythos, Psyche, Asyl)* oder einem kurzen Vokal [y] *(System, synchron, kryptisch)* entspricht. Typisch ist außerdem das *ä* für [ɛː] *(Äther, anämisch)* oder [ɛ] *(Gräzismus, präzise)*, das nicht als Umlautschreibung anzusehen ist. Anders als im Kernwortschatz gibt es im Allgemeinen keine verwandten Formen mit *a*.

3. Konsonantschreibung Kernwortschatz

Grundlegende Zuordnungen

Für die Wörter des Kernwortschatzes werden 19 einfache Konsonanten angesetzt, dazu als Doppelkonsonant wie in *Zahn, Kerze* das [ts] (eine sog. Affrikate). Die Grundeinteilung der Konsonanten erfolgt danach, ob sie mit oder ohne Stimmton (stimmhaft / stimmlos) gebildet werden.

R 6 Für die Schreibung der Wörter des Kernwortschatzes sind folgende Zuordnungen von Konsonanten und Buchstaben grundlegend.

Stimmlose Konsonanten			Stimmhafte Konsonanten		
Laute	Buchst.	Beispiele	Laute	Buchst.	Beispiele
[p]	*p*	*Post, platt*	[b]	*b*	*Bad, bunt*
[t]	*t*	*Tag, treu*	[d]	*d*	*Dorf, dick*
[k]	*k*	*Kunst, krank*	[g]	*g*	*Gunst, grau*
[f]	*f*	*Fisch, frei*	[v]	*w*	*Wald, wild*
[s]	*ß*	*Straße, groß*	[z]	*s*	*Sonne, sanft*
[ʃ]	*sch*	*Schiff, schlank*	[j]	*j*	*Jagd, jung*
[ç, x]	*ch*	*Dach, Strich*	[m]	*m*	*Mut, matt*
[h]	*h*	*Hut, halb*	[n]	*n*	*Netz, nicht*
			[ŋ]	*ng*	*Ring, eng*
			[l]	*l*	*Luft, leicht*
			[r]	*r*	*Reis, rund*
[kv]	*qu*	*Qual, quer*			
[ts]	*z*	*Zahn, zehn*			

Die Laute [ʃ], [x], [ç], [ŋ] werden im Allgemeinen nur durch Kombination mehrerer Buchstaben *(sch, ch, ng)* wiedergegeben (man spricht in diesem Fall von Mehrgraphen). In einem Fall entspricht eine Folge von zwei Lauten einer Folge von zwei Buchstaben: [kv] entspricht *qu*. Den Lauten [x] (*ach*-Laut) und [ç] (*ich*-Laut) entspricht gemeinsam das *ch*.

Besondere Schreibung von [f]

R 7 In einer kleinen Gruppe von teilweise häufig vorkommenden Wörtern des Kernwortschatzes wird [f] nicht als *f*, sondern als *v* geschrieben.

Die wichtigsten dieser Wörter sind:

Vater, Veilchen, Vetter, Vieh, Vogel, Volk, viel, vielleicht, vier, voll, von, vor, vorn

sowie Wörter mit dem Präfix *ver-* wie:

verändern, verfahren, versilbern

Schreibung von [s]

R 8 Das stimmlose [s] wird als *ß* geschrieben, wenn es allein zwischen betontem Langvokal und unbetontem Kurzvokal steht.

Straße, Meißel, draußen, grüßen, großer, weißes

Von solchen Formen wird *ß* auf verwandte Formen mit Langvokal übertragen *(Sträßchen, gegrüßt, groß, weiß)*. In einfachen Stämmen vor Konsonant oder am Wortende wird [s] als *s* geschrieben *(Hast, Rispe, Raps, das, jenes, es)*. Zum Doppel-*s* siehe **R15**.

Besondere Schreibung von [ʃ]

R 9 [ʃ] schreibt man am Wortanfang vor [t] und [p] nicht als *sch*, sondern als *s*.

Stein, Stuhl, Strahl, streng, stehlen, streichen, Spiel, Spott, Sprung, Splint, spröde, sprechen

Besondere Schreibung von [k]

R 10 Ein [k] vor [s] wird in einfachen Wörtern des Kernwortschatzes als *ch* geschrieben

Dachs, Flachs, Fuchs, Lachs, Luchs, Wachs, Achse, Achsel, Büchse, Echse, Ochse, sechs, drechseln, wachsen, wichsen

In einigen Wörtern wird die Lautfolge [ks] als *x* geschrieben, z. B. *Hexe, Nixe, Jux, lax, fix, boxen, kraxeln*. In einigen eingedeutschten Wörtern aus dem Englischen erscheint es als *ks (Keks, Koks)*. Diese Wörter leiten sich von den englischen Pluralformen *cakes* und *cokes* her.

Besondere Schreibung von [ŋ]

R 11 Ein [ŋ] vor [g] und [k] wird nicht als *ng*, sondern als *n* geschrieben.

Ingo, Tango, Ungarn, Zinke, Schranke, wanken, denken

Der Unterschied in der Aussprache zwischen *Inge* als [iŋə] und *Ingo* als [iŋgo] ergibt sich daraus, dass *Inge* in der zweiten Silbe den Murmelvokal [ə] enthält, *Ingo* dagegen den normalen Vollvokal [o].

Auslautverhärtung

Die Auslautverhärtung ist ein typisches Phänomen der deutschen Sprache, das stimmhafte Konsonanten wie z. B. [d], [g] betrifft. Sie lässt sich leicht erkennen, wenn man die Kurzform *Kind* mit der entsprechenden Langform, z. B. *Kindes*, vergleicht: In der Langform *Kindes* (gesprochen [kindəs]) tritt der stimmhafte Konsonant [d] am Anfang der zweiten Silbe auf. In der zugehörigen Kurzform *Kind* rückt er an das Ende der Silbe und wird stimmlos gesprochen. Die Aussprache lautet nun [kint].

R 12 Die stimmhaften Konsonanten [b], [d], [g], [v] und [z] werden bei Auslautverhärtung als [p], [t], [k], [f] und [s] ausgesprochen. Die Auslautverhärtung wird in der Schrift nicht berücksichtigt.

Kurzformen mit Auslautverhärtung	Zugehörige Langformen
Lieb, lieblich, Liebchen, geliebt	*Liebe, lieben, liebes, verlieben*
Leid, leidlich, leidvoll, leidtun	*Leides, leider, leidest, verleiden*
Tag, täglich, tagst, betagt	*Tage, tagen, taget, vertagen*
Möwchen, Löwchen	*Möwe, Löwe*
Kreis, kreisrund, eingekreist	*Kreise, Kreises, Kreisel, kreisen*

Ein [g] wird insbesondere nach kurzem unbetontem Vokal häufig nicht nur stimmlos, sondern auch noch zum Zischlaut [ç] gemacht (z. B. [kø:nigə – kø:niç]; [e:vigəs – e:viç] für: *Könige – König, ewiges – ewig*).

Dass im Geschriebenen alle verwandten Formen mit dem Buchstaben für den stimmhaften Konsonanten erscheinen, ist Ausdruck des morphologischen Prinzips. Es führt hier dazu, dass Stämme in allen Formen dieselbe Schriftform haben.

4. Konsonantschreibung Fremdwortschatz

Die fremden Konsonantschreibungen sind vielfältig. Dabei weisen Wörter mit Bestandteilen aus dem Englischen und Französischen zahlreiche Gemeinsamkeiten auf. Dasselbe gilt für Wörter mit Bestandteilen aus dem Lateinischen und Griechischen. Deshalb sollen im Folgenden Fremdwörter aus dem Englischen und Französischen einerseits sowie aus dem Lateinischen und Griechischen andererseits gemeinsam behandelt werden.

Konsonantschreibung bei Fremdwörtern aus dem Englischen und Französischen

R 13 Für die Schreibung von Wörtern mit Bestandteilen aus dem Englischen und Französischen sind folgende Zuordnungen zwischen Konsonanten und Buchstaben typisch.

Laute	Buchst.	Beispiel Englisch	Beispiel Französisch
[k]	*c*	*Crew, Camping*	*Coup, Courage*
[s]	*c, ce*	*Center, Service*	*Citoyen, Nuance*
[ʃ]	*ch*	*Match, Ketchup*	*Chiffre, Branche*
[tʃ]	*ch*	*Chip, Couch*	
[ʒ]	*g*		*Genie, Garage*
[ʒ]	*j*		*Jargon, Jalousie*
[dʒ]	*g*	*Gin, Teenager*	
[dʒ]	*j*	*Jeans, Job*	

Das anlautende [tʃ] und das anlautende [dʒ] werden in den meisten Fällen zu [ʃ] und [ʒ] reduziert, z. B. [ʃip] und [ʒin] für *Chip* und *Gin*. Dadurch findet eine weitere Angleichung in der Konsonantschreibung bei Fremdwörtern aus dem Englischen und Französischen statt.

Anders als im Kernwortschatz *(Sohn, Salz)* haben zahlreiche Fremdwörter ein stimmloses [s] im Anlaut, z. B. *Set, Sample, Single, salu, Salär, Saison*. Dabei findet bei Fremdwörtern aus dem Französischen besonders häufig eine Angleichung an den Kernwortschatz statt, indem vor Vokal [s] durch [z] ersetzt wird, z. B. [zɛzɔ̃] statt [sɛzɔ̃:] *(Saison)*.

Konsonantschreibung bei Fremdwörtern aus dem Lateinischen und Griechischen

R 14 Für die Schreibung von Wörtern mit Bestandteilen aus dem Lateinischen und Griechischen sind folgende Zuordnungen zwischen Konsonanten und Buchstaben typisch.

Laute	Buchst.	Beispiele
[t]	*th*	*Thema, Pathos*
[ts]	*c*	*Caesium, circa*
[ts]	*t*	*Aktie, Tertiär*
[k]	*c*	*Corpus, contra*
[k]	*ch*	*Chrom, Chaos*
[ks]	*x*	*Xylophon, toxisch*
[f]	*ph*	*Phase, Graphem*

Laute	Buchst.	Beispiele
[v]	*v*	*Verb, zivil*
[r]	*rh*	*Rhema, Rhythmus*

Die Schreibungen *th, ch, ph* und *rh* gehen meist auf die Wiedergabe der griechischen Buchstaben ϑ (Theta), χ (Chi), φ (Phi) und ρ (Rho) im Lateinischen zurück.

Variantenschreibungen:

Fremdwörter werden auf vielerlei Weise den Schreibungen des Kernwortschatzes angeglichen, z. B. in Fällen wie *Büro* (früher *Bureau*) oder *Karbid* (früher *Carbid*). Mit der Neuregelung der Rechtschreibung wurde versucht, der Integration von Fremdwörtern im Geschriebenen Rechnung zu tragen. Aus diesem Grund wurden zahlreiche eingedeutschte Schreibvarianten eingeführt.

gh, rh, th kann in einigen Wörtern *g, r, t* geschrieben werden

Die Buchstabenfolgen *th, gh* und *rh* können in einigen Fällen, auch unabhängig von der Herkunft aus dem Griechischen, zu *t, g* und *r* werden:

Spaghetti	*Spagetti*	*Katarrh*	*Katarr*
Joghurt	*Jogurt*	*Myrrhe*	*Myrre*
Panther	*Panter*	*Hämorrhoiden*	*Hämorriden*
Thunfisch	*Tunfisch*		

ph kann in zahlreichen Fällen durch *f* ersetzt werden

Das *ph* ist einem starken Anpassungsdruck ausgesetzt *(Photo – Foto, Orthographie – Orthografie)*. Die Morpheme *phon, phot, graph* können generell auch mit *f* geschrieben werden. Für Wörter der Alltagssprache lässt sich eher die Schreibung mit *f* belegen *(Foto, Fotokopie, Foto-*

grafie, Grafik), bei selteneren und bei Fachwörtern eher die Schreibung mit *ph (Phonem, Photon, Paläographie).* Auch die Wörter *Grafit* und *Delfin* können mit *ph* geschrieben werden.

tial, tiell können durch *zial, ziell* ersetzt werden

Die Schreibung *t* für [ts] ist auf die Position vor [j] beschränkt *(Nation, tangential).* In dieser Position kann [ts] auch – wie im Kernwortschatz – als *z* geschrieben werden, z. B. *tendenziell, provinziell.* Dies ist jedoch nur möglich, wenn es entsprechende verwandte Wörter gibt, z. B. *Existenz – existenziell* neben *existent – existentiell:*

Stammwort	Ableitungen	
Differenz	*differentiell*	*differenziell*
Essenz	*essentiell*	*essenziell*
Potenz	*potentiell*	*potenziell*
Substanz	*substantiell*	*substanziell*

5. Die Schreibung von Kurzvokalen

Im Allgemeinen wird ein Kurzvokal mit demselben Buchstaben geschrieben wie der entsprechende Langvokal (**R1**). Sowohl ein kurzes [o] als auch ein langes [oː] erscheint als Buchstabe *o,* z. B. *Schrott – Schrot.* Entsprechendes gilt für Wortpaare wie *Bett – Beet, still – Stil, Bann – Bahn.* Vokallänge wird nicht durch den einzelnen Vokalbuchstaben selbst angezeigt, sondern durch die Buchstaben, die ihm folgen oder nicht folgen. Die Beispiele zeigen, dass ein Kurzvokal durch Verdoppelung des folgenden Konsonantbuchstabens angezeigt sein kann. Der Langvokal weist in Wörtern wie *Schrot* und *Stil* keine besondere Kennzeichnung auf, er kann aber auch durch das *ie (Stiel),* durch Verdoppelung des Vokalbuchstabens *(Beet)* oder durch ein *h (Bahn)* als lang markiert sein.

In Wörtern des Kernwortschatzes wie *Kind, Kern, Wald, Holz, Wurm, Herbst, Markt* wird der Vokal kurz gelesen, weil ihm zwei oder mehr als zwei Konsonantbuchstaben folgen, denen im gesprochenen Wort zwei oder mehr als zwei Konsonanten entsprechen. Eine besondere Markierung der Vokalkürze ist in solchen Fällen nicht erforderlich, denn sie ergibt sich aus der Lautstruktur des Wortes. Zu dieser Regel gibt es nur wenige Ausnahmen, z. B. *Mond, wüst, Schwert, Obst.* Erforderlich ist die Markierung von Vokalkürze dann, wenn dem Vokal lediglich ein einziger Konsonant und entsprechend im geschriebenen Wort ein einziger Konsonantbuchstabe folgt. Das wichtigste und verbreitetste Mittel zur Kennzeichnung von Vokalkürze ist eben die Verdoppelung des Konsonantbuchstabens wie in den Beispielwörtern *Schrott, Bett, still, Bann.*

Die Grundlage zur Verdoppelung von Konsonantbuchstaben nach Kurzvokal findet sich in Langformen vom Typ *Schippe, Kette, Wanne, Sonne, Summe* gemäß der folgenden Regel.

Verdoppelung des Konsonantbuchstabens

R 15 Steht in einer Langform zwischen einem betonten kurzen und einem unbetonten Vokal ein einzelner Konsonant, dann wird der entsprechende Konsonantbuchstabe verdoppelt.

Die Grundregel zur Verdoppelung von Konsonantbuchstaben demonstrieren folgende Paare von Formen:

geschriebene Formen	gesprochene Formen
Hütte – Hüte	[hytə – hyːtə]
Stille – Stile	[ʃtilə – ʃtiːlə]
betten – beten	[betən – beːtən]
Kötter – Köter	[køtər – køːtər]
Kämme – käme	[kɛmə – kɛːmə]
Ratte – Rate	[ratə – raːtə]
offen – Ofen	[ofən – oːfən]
Putte – Pute	[putə – puːtə]

In derartigen Paaren ist Vokallänge das einzige lautliche Unterscheidungsmerkmal. Die Wörter haben eine betonte gefolgt von einer unbetonten Silbe, wobei zwischen den Vokalen genau ein Konsonant steht. Ist der betonte Vokal lang, so gehört dieser Konsonant zur zweiten Silbe, das geschriebene Wort wird entsprechend getrennt *(Hü-te, Sti-le)*. Die erste Silbe hat dann keinen Konsonanten nach dem Vokal, sie ist offen. Ist der betonte Vokal kurz, so gehört der Konsonant zu beiden Silben gleichzeitig. Man nennt einen solchen Konsonanten ein **Silbengelenk**, weil er die Silben fest miteinander verbindet (z. B. das [t] in [hytə]). Ein Konsonantbuchstabe, dem ein Silbengelenk entspricht, wird verdoppelt: [hytə] – *Hütte.*

In einigen Fällen entspricht einem Silbengelenk nicht ein einzelner Konsonantbuchstabe, sondern eine Folge von zwei oder drei Buchstaben, nämlich *tz, ck, ch, sch* und *ng*. Dann gilt folgende Regel.

Beschränkung der Verdoppelung

R 16 Nur ein einzelner Konsonantbuchstabe kann verdoppelt werden.

Die Regel schließt die genannten Gelenkschreibungen *tz, ck, ch, sch* und *ng* von der Verdoppelung aus. Wir schreiben nicht *witztzig,* sondern *witzig*. Weitere Beispiele:

kratzen	[kratsən]	*brechen*	[breçən]
backen	[bakən]	*krachen*	[kraxən]
waschen	[vaʃən]	*singen*	[ziŋən]

Übertragung der Gelenkschreibung auf verwandte Formen

R 17 Aufgrund des morphologischen Prinzips wird eine Konsonantverdoppelung von der Langform auf verwandte Formen mit Kurzvokal übertragen.

Hütte – Hüttchen	*Putte – Puttchen*
Betten – Bett	*Flüsse – Fluss*
quellen – quillt	*wissen – gewusst*
offen – öffne	

Steht das stimmlose [s] zwischen einer kurzen betonten und einer unbetonten Silbe, so wird der Konsonant verdoppelt (Gelenkschreibung), z. B.: *Wasser, Flüsse – Fluss, wissen – gewusst.* Sonst wird [s] als *s* oder *ß* geschrieben (*Last, reißen,* **R8**). Eine Ausnahme ist die Konjunktion *dass*. Hier ist *ss* nicht Gelenkschreibung.

Besondere Verdoppelungen von Konsonantbuchstaben

Obwohl Silbengelenkschreibungen die bei weitem wichtigste Quelle für die Verdoppelung von Konsonantbuchstaben im gegenwärtigen Deutsch sind, gibt es auch Verdoppelungen, die nicht darauf beruhen.

R 18 In einigen Fällen werden Konsonantbuchstaben verdoppelt, obwohl keine verwandten Langformen mit Doppelkonsonant vorliegen.

Betroffen sind im Kernwortschatz neben der Konjunktion *dass* nur wenige Wörter wie *Bollwerk, Wrack, zack, dann, wann, denn, wenn*. Die Konsonantverdoppelung ist hier vor allem sprachhistorisch bedingt: So ist *Boll* verwandt mit ahd. *bolla* „Schale“, *wann* stammt von mhd. *wanne*.
In anderen Fällen dient die Konsonantverdoppelung vor allem zur Abgrenzung von gleichlautenden Wörtern: So dient die Schreibung *wenn* und *denn* im gegenwärtigen Deutsch zur Unterscheidung von *wen* und *den*.

Bei Substantiven mit den Suffixen *-in* und *-nis* wird der letzte Konsonantbuchstabe in der Langform verdoppelt *(Lehrerin – Lehrerinnen, Ereignis – Ereignisses)*. Ähnlich bei einigen (teilweise fremden) Wörtern auf *-is (Kürbis – Kürbisse), -as (Ananas – Ananasse), -os (Rhinozeros – Rhinozerosse), -us (Fidibus – Fidibusse)*.

Verdoppelung von Konsonantbuchstaben in Fremdwörtern

Eine Verdoppelung von Konsonantbuchstaben und verwandte Schreibungen finden sich auch in vielen Fremdwörtern. Hier richtet sich die Schreibung teilweise nach der Ausgangssprache, teilweise aber auch danach, wie weit solche Wörter in den Kernwortschatz des Deutschen integriert sind. Im Einzelnen gilt das Folgende.

R 19 Die Grundregel zur Verdoppelung von Konsonantbuchstaben gilt generell auch für Fremdwörter.

Englisch	*Hobby, Shopping, Teddy, groggy, steppen, jetten, joggen*
Französisch	*Mannequin, Etappe, Politesse, Kontrolle, formelles, bizarres*
Lateinisch/ Griechisch	*Villa, Interesse, Kompresse, Promille, Programme, rebellisch*

Ausnahmen

Während im Deutschen bei den Konsonantbuchstaben *z* und *k* anstelle der Verdoppelung *ck* und *tz* geschrieben wird *(Macke, Tatze)*, gelten in einigen Sprachen andere Laut-Buchstaben-Zuordnungen.

Statt *ck* haben Fremdwörter oft ein *kk:*
Trekking, Mokka, Sakko
statt *tz* meist ein *zz:*
Skizze, Pizza, Intermezzo
oder ein einfaches *z:*
Matrize, Notizen

In zahlreichen Fremdwörtern aus dem Englischen werden Konsonantbuchstaben in den Langformen verdoppelt, während die verwandten Kurzformen keinen Doppelbuchstaben aufweisen (*jetten* aber: *Jet*; *floppen* aber: *Flop*). Hier wird das morphologische Prinzip nicht angewendet. Der Grund besteht oft darin, dass es sich bei den Langformen um deutsche Ableitungen handelt, die es im Englischen nicht gibt. So hat der *Cut* im Englischen die Pluralform *cuts*, nicht aber *die Cutte*.

Busse – Bus	*peppig – Pep*
fitter – fit	*poppen – Pop*
flippen – Flip	*pinnen – Pin*
floppen – Flop	*Slipper – Slip*
jetten – Jet	*toppen – top*

Bei einigen eingebürgerten Fremdwörtern aus dem Englischen dient das morphologische Prinzip dagegen als Basis:

tippen – Tipp
stoppen – Stopp
steppen – Stepp

In manchen Anglizismen wird ein Doppelkonsonantbuchstabe in der ursprünglichen Schreibung entlehnt und bleibt im Deutschen erhalten, obwohl keine Flexionsform mit Doppelkonsonant vorhanden ist, z. B. *Grill, Bluff, Jazz*. Gestützt werden solche Schreibungen dadurch, dass verwandte Wörter mit Langform vorhanden sind: *grillen, bluffen, jazzen*.

6. Die Schreibung von Langvokalen

Langvokale werden im Allgemeinen mit denselben Buchstaben geschrieben wie Kurzvokale *(Schrot – Schrott, Ofen – offen)*. Nur für das lange [iː] steht die besondere Schreibung *ie* zur Verfügung *(Schiene, lieb, liegen)*.

In Wörtern des Kernwortschatzes wie *Boden, Hobel, lose, loben* wird der Vokal lang gelesen, weil ihm innerhalb seiner Silbe kein Konsonant folgt. Die Silbentrennungen *Bo-den, Ho-bel, lo-se, lo-ben* zeigen, dass die jeweils erste Silbe auf Vokal endet, sie ist offen. In solchen Silben ist der Vokal lang oder ein Diphthong *(Bau-er, teu-er)*. Eine besondere Markierung der Vokallänge ist hier nicht erforderlich. Unter bestimmten Bedingungen werden aber auch Formen mit Langvokal in der Schrift besonders gekennzeichnet. Als Mittel stehen dafür die Verdoppelung von Vokalbuchstaben sowie das ‚stumme *h*' zur Verfügung. Beim stummen *h* unterscheidet man zwei verschiedene Vorkommen, nämlich das silbenöffnende und das Dehnungs-*h*. Letzteres wird auch als silbenschließendes *h* bezeichnet. Grundlage der Schreibung sind in beiden Fällen entsprechende Langformen.

Silbenöffnendes *h*

R 20 Folgt in einer Langform auf einen betonten Langvokal unmittelbar ein unbetonter Kurzvokal, dann wird zwischen den beiden Vokalbuchstaben ein *h* eingefügt.

Bei der Silbentrennung ist das stumme *h* jeweils der erste Buchstabe der zweiten Silbe. Daraus ergibt sich die Bezeichnung silbenöffnendes *h:*

[ruːe]	*Ruhe*	*Ru-he*	[droːən]	*drohen*	*dro-hen*
[hɛːər]	*Häher*	*Hä-her*	[tsiːən]	*ziehen*	*zie-hen*
[naːə]	*nahe*	*na-he*	[geːən]	*gehen*	*ge-hen*
[fryːər]	*früher*	*frü-her*			

Übertragung des silbenöffnenden *h* auf verwandte Formen

R 21 Aufgrund des morphologischen Prinzips wird das silbenöffnende *h* von der Langform auf verwandte Formen übertragen, soweit diese ebenfalls einen Langvokal haben.

fliehen – fliehst, Mühe – Mühsal, gehen – gehst, erhöhen – erhöht, krähen – gekräht, nahe – nah, rohes – roh, ruhen – ruhst

Im Kernwortschatz gibt es nur wenige Ausnahmen zur Schreibung mit silbenöffnendem *h*. Zu ihnen gehören *die Böen – die Bö* und *säen – säst.*
Bei *knien – kniest* und *die Knie – das Knie* steht ebenfalls kein silbenöffnendes *h*. Ähnlich bei *geschrien, gespien* und *die Seen.*

Das silbenöffnende *h* steht nicht nach Diphthongschreibungen, vgl. z. B. *Trauer, bauen, Treue, streuen.* In einem Teil der Wörter mit *ei* steht es (a.), in einem anderen nicht (b.).

a. *Weiher, Reiher, Reihe, Weihe, gedeihen, weihen, leihen, seihen, verzeihen*
b. *Eier, Kleie, Schleie, Geier, Schleier, Leier, freies, feiern, schneien, speien*

Fremdwörter weisen im Allgemeinen keine Wortstrukturen auf, die ein silbenöffnendes *h* erfordern. In Fremdwörtern mit betontem *ie* wird in der Langform ein *e* getilgt, z. B. *Harmonien – Harmonie, Batterien – Batterie*, nicht aber **Harmonieen* usw.

Dehnungs-*h* (silbenschließendes *h*)

R 22 Steht in einer Langform zwischen einem betonten Langvokal und einem unbetonten Kurzvokal ein einzelnes [r], [l], [m] oder [n], dann wird in zahlreichen Wörtern nach dem Vokalbuchstaben ein *h* eingefügt.

Bei der Silbentrennung ist das stumme *h* jeweils der letzte Buchstabe der ersten Silbe. Daraus ergibt sich, dass das Dehnungs-*h* auch silbenschließendes *h* genannt wird.

[keːrən]	*kehren*	*keh-ren*
[koːlə]	*Kohle*	*Koh-le*
[woːnən]	*wohnen*	*woh-nen*
[neːmən]	*nehmen*	*neh-men*

Übertragung des Dehnungs-*h* auf verwandte Formen

R 23 Aufgrund des morphologischen Prinzips wird das Dehnungs-*h* von der Langform auf verwandte Formen übertragen, soweit diese ebenfalls einen Langvokal haben.

sühnen – sühnt	*lahmes – lahm*
Befehle – Befehl	*Lohnes – Lohn*
aushöhlen – ausgehöhlt	*Ruhmes – Ruhm*
ähneln – ähnlich	

Beachte

» Das Dehnungs-*h* steht nur ungefähr in der Hälfte aller Wörter des Kernwortschatzes, in denen es der Regel zufolge stehen könnte. Es steht beispielsweise nicht in den Wörtern *Ware, Tor, garen, ölen, holen, Ton, jener, Name.*

Das Dehnungs-*h* steht im Allgemeinen nicht,

- wenn *ie* vorausgeht *(Biene, spielen)*, es sei denn, es ergibt sich aus dem morphologischen Prinzip in Flexionsformen wie bei *stehlen – stiehlt, befehlen – befiehl*. Nach einfachem *i* steht das Dehnungs-*h* in Pronomina: *ihre, ihr, ihnen* (**R25**).
- wenn dem betonten Langvokal mehr als ein Buchstabe im Silbenanfangsrand vorausgeht, z.B. *schwören, quälen, sparen, Krone, spuren*. Damit wird vermieden, dass das geschriebene Wort im Verhältnis zum gesprochenen ein zu hohes Gewicht (zu viele Buchstaben) enthält. Es gibt im gesamten Kernwortschatz 12 Wörter, in denen trotzdem ein Dehnungs-*h* steht:

Strähne, Strahl, stehlen, Stahl, stöhnen, Stuhl, Pfahl, Pfuhl, prahlen, dröhnen, Drohne

Beachte

» Das Dehnungs-*h* steht nie

- nach *p* und *t*, z.B. *Pol, Tal*. Die Gründe für diese Beschränkung sind historischer Art. So wurde früher beim *t* ein unmittelbar folgendes *h* als Dehnungszeichen verwendet *(Thür, Thal)*. Als die *th*-Schreibung wegfiel, war das Dehnungs-*h* bereits fixiert, d.h. aus *Thür* konnte nicht mehr einfach *Tühr* werden.
- in Fremdwörtern, z.B. *Chlor, Symbol, Chrom, chronisch*

Verdoppelung des Vokalbuchstabens

R 24 In einer Reihe von Wörtern wird der Buchstabe für ein langes [eː], [aː] oder [oː] verdoppelt. Verdoppelung tritt meistens vor *r, l, s* und *t* auf.

Beere, Heer, Meer, Speer, Teer, Seele, Reet, Beet, leer, scheel
Aar, Haar, Maar, Paar, Aal, Saal, Maat, Saat, Staat
Moor, Moos, Boot

Doppeltes *e* tritt außerdem auf in

- auslautender offener Silbe im Kernwortschatz:
  Fee, Klee, Lee, Schnee, See, Tee
- in Fremdwörtern. Bei den Wörtern unter b. ist auch die Schreibung mit *-é* möglich (*Dekolleté, Doublé* usw.):

a. *Allee, Armee, Kaffee, Kaktee, Klischee, Komitee, Livree, Orchidee*
b. *Dekolletee* (auch: *Dekolleté*), *Dublee* (auch: *Doublé*), *Exposee* (auch: *Exposé*), *Kommunikee* (auch: *Kommuniqué*), *Varietee* (auch: *Varieté*)

Weitere Wörter mit *aa* und *oo* sind *Waage, Koog, Zoo, doof.*

Beachte

- Bei Umlautschreibungen gibt es keine Verdoppelung: *Saal – Säle, Boot – Bötchen.*
- Tritt zu *ee* ein Suffix, das mit *e* beginnt, so fällt ein *e* weg, z. B. *die *See+en* wird zu *die Seen*. Ähnlich *die Alleen, Kakteen* usw.

Besondere Schreibung des langen [iː]

In Wörtern des Kernwortschatzes wird das lange [iː] in der Regel als *ie* geschrieben. In einigen Fällen werden jedoch andere Schreibungen verwendet.

R 25 In einigen Wörtern des Kernwortschatzes wird das lange [iː] nicht als *ie*, sondern als *i* oder *ih* geschrieben.

Die Schreibung des langen [iː] als *i* betrifft Wörter wie:

Igel, Iris, Isegrimm, Biber, Brise, Fibel, Lid (Augenlid), *Mine* (Bergbau), *Nische, Primel, Tiger, Wisent, wider* (‚gegen'), *dir, mir, wir*

Die Schreibung des langen [iː] als *ih* betrifft in erster Linie einige Personal- und Possessivpronomina mit *i* am Wortanfang: *ihr, ihn, ihm, ihnen, ihren* usw.

Wie beim doppelten *e* **(R24)** fällt bei Formen, die auf *ie* enden, ein *e* weg, wenn ein Suffix mit einem weiteren *e* folgt. Aus *geschrie+en* wird *geschrien*, aus *gespie+en* wird *gespien*. Ebenso bei Fremdwörtern mit dem Suffix *-ie*, z. B. *die Hysterien, die Jalousien.*

Beachte

In Fremdwörtern wird das lange [iː] meist als *i* geschrieben *(Maschine, Karabiner)*. Das *ie* kommt vor allem in den Fremdsuffixen *-ie (Chemie, Hysterie), -ier (Offizier, Kavalier, diskutieren, nominieren), -isier (computerisieren, idealisieren)* und *-ifizier (identifizieren, mumifizieren)* vor.

Buchstabenschreibung auf einen Blick

Wortstamm – Wortfamilie

- Der Wortstamm einer Wortfamilie bleibt unverändert: *Nummer – nummerieren, Platz – platzieren*
- Bei Zusammensetzungen wird kein Buchstabe weggelassen: *Zähheit, Rohheit,* aber: *selbstständig* auch: *selbständig*
- Treffen in Zusammensetzungen drei gleiche Buchstaben aufeinander, werden alle geschrieben: *Schifffahrt, Brennnessel, Kaffeeernte* Hier ist immer auch ein Bindestrich möglich.

Kurz gesprochene Vokale

- Die Vokalkürze wird durch mehrere aufeinanderfolgende Konsonantbuchstaben angezeigt: *Kind, Kern, Kurs, Wache*
- Die Vokalkürze wird durch die Verdoppelung des folgenden Konsonantbuchstaben angezeigt: *Hütte, Stille, betten, Quelle*
- Die Konsonantbuchstaben *k* und *z* sind von der Verdoppelung ausgeschlossen, stattdessen steht *ck* bzw. *tz*: *backen, zucken, schätzen*

Lang gesprochene Vokale

Die Vokallänge wird oft durch Längenzeichen angezeigt:

Dehnungs-*h* vor ***r, l, n, m***	*kehren, Kohle, wohnen, nehmen*
Dehnungs-*h* bei Pronomen	*ihm, ihr, ihn*
Vokalverdoppelung	*Beere, Heer, Maat, Saat, Staat, Moos, Fee*
durch *ie*	*fliegen, Tiere, wiegen*

aber:

- in vielen Fällen steht kein Längenzeichen: *Ware, holen, jener, Name*
- in Fremdwörtern steht kein *ie* als Längenzeichen: *Tiger, Maschine*
- Umlautbuchstaben werden nicht verdoppelt: *Saal – Säle*
- endet ein Wort mit *ee*, so steht im Plural: *See – Seen*

Auslautverhärtung

- Die Buchstaben für stimmhafte Konsonanten *b, d, g, w* und *s* werden am Ende eines Wortes oder einer Silbe stimmlos gesprochen, die Schreibung ändert sich nicht: *Kind – Kindes, Tag – Tage, tagen*

ß oder *ss*?

- Nach langem Vokal oder Diphthong wird das stimmlose [s] als *ß* geschrieben: *Straße, Meißel, draußen, grüßen, großer, weißes*
- Nach kurzem betontem Vokal wird *ss* geschrieben: *Fluss,* (aber: *fließen*), *Schüsse* (aber: *schießen*), *Hass, hassen, Kuss, müssen*
  aber: in einfachen Wörtern vor Konsonant oder am Wortende steht oft nur *s*: *Hast, Rispe, was, los, Hindernis*

dass oder *das*?

- Als Artikel oder Pronomen schreibt man *s*. Hier kann *das* im Satz durch *dieses* oder *welches* ersetzt werden: *das Phantom; das Haus, das (= welches) abgerissen wird*
- Als Konjunktion leitet *dass* Nebensätze ein. Es wird mit *ss* geschrieben: *Ich hoffe, dass es dir gutgeht.*

Gleich oder ähnlich klingende Vokale

- Umlautbuchstaben beziehen sich oft auf verwandte Formen: *fallen – er fällt, fahren – fährt, Rad – Rädchen, Buch – Bücher*
- In einigen Fällen sind Varianten möglich: *aufwendig/aufwändig* von *aufwenden/Aufwand, Schenke/Schänke* von *ausschenken/Ausschank*
- In der Regel werden für den Laut [ai] die Vokalbuchstaben *ei* geschrieben: *leise, Leiter*. Nur in wenigen Fällen steht *ai*: *Mai, Hai, Laib, Laich, Waise, Laie, Kaiser*

Fremdwörter: Variantenschreibung

In vielen Fällen werden Fremdwörter an die deutsche Schreibung angepasst. Beide Schreibungen sind gleichberechtigt:

phon/fon, phot/fot	*Photokopie/Fotokopie, stereophon/stereofon*
graph/graf	*Orthographie/Orthografie, Graphik/Grafik*
th/t	*Thunfisch/Tunfisch, Panther/Panter, Kathode/Katode*
gh/g	*Spaghetti/Spagetti, Joghurt/Jogurt*
rh/r	*Myrrhe/Myrre, Hämorrhoiden/Hämorriden*
tial, tiell/zial, ziell	*differentiell/differenziell, essentiell/essenziell*
é/ee	*Dekolleté/Dekolletee, Exposé/Exposee*
ou/u	*Bravour/Bravur, Nougat/Nugat*

aber nur: *Rhythmus, Rheuma, Rhabarber, Rhetorik, Rhapsodie, Rhesusfaktor, Theologie, Thron, Ethos, Mathematik, Theater, These*

Fremdwörter: Plural

Die Regeln für die Verdoppelung von Konsonantbuchstaben gelten auch für zahlreiche Fremdwörter: *Hobby, Kontrolle*. Von dieser Regel gibt es jedoch auch Ausnahmen:

- Die Konsonantbuchstaben *k, z,* werden in einigen Fremdwörtern verdoppelt: *Sakko, Trekking, Mokka; Skizze, Pizza, Intermezzo*
- Bei etlichen Fremdwörtern haben einsilbige Formen nur einen Konsonantbuchstaben, obwohl es verwandte Formen mit Verdoppelung gibt: *Bus – Busse, Cut – cutten, Job – jobben*
  aber: *Tipp – tippen, Stopp – stoppen, Stepp – steppen*

B Getrennt- und Zusammenschreibung

0. Vorbemerkungen

Anders als in der gesprochenen Sprache werden in der geschriebenen Sprache Wörter durch Zwischenräume (Wortabstände, Spatien) voneinander abgegrenzt. Geschriebene Texte bestehen damit aus einheitlichen Grundbausteinen. Umgekehrt muss der Schreibende jeweils kenntlich machen, was er als Wort bzw. als Zusammensetzung und was er als Wortgruppe verwendet. So lässt sich durch Getrennt- oder Zusammenschreibung die Zusammensetzung *frühreif* von der Wortgruppe *früh reif* unterscheiden, die eine völlig andere Bedeutung hat. Ebenso lässt die Schreibung *halbautomatisch* keinen Zweifel daran, dass wir es mit einer Zusammensetzung zu tun haben. Ihre Hauptbestandteile *halb* und *automatisch* bilden zusammen ein Wort, das normalerweise auf dem Erstglied betont ist: *hálbautomatisch.* Dagegen besteht *hálb automátisch* aus zwei Wörtern, die zusammen eine Wortgruppe bilden. Normalerweise ist jedes der Wörter betont und man kann sich auch hier ohne weiteres Verwendungen vorstellen, in denen das Wort nicht genau dasselbe bedeutet wie die Wortgruppe: *Das Verfahren läuft hálbautomatisch* vs. *Das Verfahren läuft hálb automátisch, halb wird es von Hand gesteuert.* Im Folgenden wird der Hauptakzent eines Wortes *(ábfahren, darúnter)* immer dann mit angegeben, wo dies zum besseren Verständnis notwendig erscheint.

Im Deutschen gibt es mehrere Mechanismen zur Bildung von Zusammensetzungen, denen verwandte Wortgruppen gegenüberstehen. In Zweifelsfällen können je nach Wortart unterschiedliche Regeln und Proben darüber Auskunft geben, ob getrennt oder zusammengeschrieben wird. Deshalb ist es für eine sichere Entscheidung notwendig, sich über die Wortart der Bestandteile bzw. die grammatische Kategorie der Verbindung klar zu sein. Folgende Einteilung erlaubt es, die verschiedenen Fälle übersichtlich darzustellen:

1. *Verbindungen mit Verben*
2. *Verbindungen mit Adjektiven und Partizipien*
3. *Verbindungen mit Substantiven*
4. *Verbindungen anderer Wortarten*

1. Verbindungen mit Verben

Verbstämme spielen im Deutschen generell die wichtigste Rolle bei der Ableitung komplexer Wörter, und so auch hier. Verbindungen mit einem Verb als zweitem Bestandteil sind besonders häufig und vielfältig. Für die Getrennt- und Zusammenschreibung hat man drei Arten von Bindung zwischen Erst- und Zweitglied zu unterscheiden.

1. Feste Zusammensetzungen:
Im ersten Fall ist die Bindung fest. Ein Wort wie *handhaben* stellt eine feste Zusammensetzung dar, sie wird in allen Satzstellungen zusammengeschrieben *hándhaben; gehándhabt; weil sie etwas hándhabt; Sie hándhabt etwas.*
Die Abtrennung des Erstgliedes wie in **Sie habt etwas hand* ist nicht möglich.

2. Trennbare Zusammensetzungen:
Ein großer Teil der Verben bildet ebenfalls Zusammensetzungen, doch kann hier der erste Bestandteil abgetrennt werden (sog. Verbzusatz), z. B. *áufheben, éinkaufen*: *Sie hebt etwas áuf; er kauft donnerstags éin*. Man spricht hier von trennbaren Zusammensetzungen. Das trennbare Erstglied *áuf* bzw. *éin* ist betont und wird in drei Fällen mit dem Verb zusammengeschrieben: bei Infinitiven, bei Partizipien und bei Nebensätzen, in denen das Verb am Schluss steht. Diese Positionen werden auch als Kontaktstellung bezeichnet:

Infinitiv	*áufheben, áufzuheben*
Partizip	*áufgehoben, áufhebend; er hat das Obst zu lange áufgehoben*
Nebensatz	*..., weil er das Obst zu lange áufhebt*

3. Wortgruppen:
In diesen Fällen handelt es sich nicht um ein Wort, sondern um zwei Wörter, die eine Wortgruppe bilden, z. B. das Adverb *gern* und das Verb *schreiben*. Es wird immer getrennt geschrieben:

Sie kann es gern schreiben.
Sie hat es gern geschrieben.
weil sie es gern schreibt

Schreibunsicherheiten können auftreten, wenn nicht klar ist, ob es sich um eine trennbare Zusammensetzung oder um eine Wortgruppe handelt. Beim Verb *gérnhaben* ist *gérn* kein selbstständiges Wort:

gérnhaben; gérngehabt; weil er sie gérnhat; Er hat sie gérn. Die Bestandteile *gern* und *haben* bilden eine trennbare Zusammensetzung. Fälle dieser Art sind im Folgenden genauer zu betrachten. Dabei sind folgende Zusammensetzungen zu unterscheiden:

1. *Präposition mit Verb*
2. *Adverb mit Verb*
3. *Adjektiv mit Verb*
4. *Verb mit Verb*
5. *Substantiv mit Verb*

Präposition mit Verb

R 26 Präpositionen können mit Verben trennbare Zusammensetzungen bilden. Sie werden bei Infinitiven, bei Partizipien und bei Nebensätzen, in denen das Verb am Schluss steht, mit dem Verb zusammengeschrieben.

abgeben	*beigeben*	*nachholen*
abladen	*beiwohnen*	*vorhalten*
annehmen	*einladen*	*vorlesen*
anstellen	*einschlafen*	*vornehmen*
aufheben	*mitmachen*	*zutragen*
aufpassen	*mitbringen*	*zusichern*
aushalten	*nachdenken*	*zwischenlagern*
ausgeben	*nachgeben*	*zwischenlanden*

Die Frage, ob es sich um einen Verbbestandteil oder um eine selbstständige Präposition handelt, ist leicht zu entscheiden. Eine selbstständige Präposition steht normalerweise vor einer Nominalgruppe *(Er lädt die Möbel auf den Wagen)*, während der Verbbestandteil beim Verb *(áufladen)* oder eben für sich allein getrennt vom Verb steht *(Er lädt die Möbel áuf)*.

Verben vom Typ *dúrchfahren/durchfáhren*

Eine Reihe von Präpositionen kann mit Verben sowohl trennbare als auch untrennbare Verbindungen eingehen. Sie lassen sich leicht voneinander unterscheiden. Ist das präpositionale Erstglied unbetont, handelt es sich um ein Verbpräfix, das nicht abgetrennt werden kann; es wird immer zusammengeschrieben, z. B. *durchzíehen – Diese Auffassung durchzieht das ganze Buch.*

Ist das Erstglied dagegen betont, wird es nur im Infinitiv, in den Partizipien und im Nebensatz zusammengeschrieben, sonst wird es vom Verb abgetrennt: *Sie zieht den Faden dúrch; sie schafft es nicht, den Faden dúrchzuziehen; sie hat den Faden dúrchgezogen.*

dúrchbohren – durchbóhren	*úmfahren – umfáhren*
dúrchkämmen – durchkǻmmen	*úmkleiden – umkléiden*
dúrchgehen – durchgéhen	*únterkriechen – unterláufen*
hínterhaken – hintergéhen	*úmstellen – umstéllen*
ǘbersetzen – übersétzen	*únterstellen – unterstéllen*

Adverb mit Verb

R 27 Adverbien können mit Verben trennbare Zusammensetzungen bilden. Sie werden bei Infinitiven, bei Partizipien und bei Nebensätzen, in denen das Verb am Schluss steht, zusammengeschrieben.

Besonders häufig sind Zeit-, Orts- und Richtungsadverbien betroffen.

abwärtsgehen	*fortgehen*	*rückwärtsfahren*
auseinanderlaufen	*gegenübersitzen*	*umhersehen*
beisammensitzen	*herausgehen*	*voranbringen*
dabeistehen	*herbeibringen*	*vorbeikommen*
daherkommen	*hereinkommen*	*vorhersehen*
dastehen	*hinhalten*	*wegnehmen*
emporblicken	*hineintragen*	*zurückholen*
entgegengehen	*hinterherlaufen*	*zusammensitzen*
entlangkommen	*niedermachen*	*zuvorkommen*

Auch hier ist die Unterscheidung zum selbstständigen Adverb in der Regel ohne Schwierigkeiten möglich. Zwei Proben geben darüber Aufschluss, ob getrennt oder zusammengeschrieben wird.

1. Betonungsprobe

Das selbstständige Adverb ist normalerweise nicht besonders betont, der Verbzusatz dagegen ist betont. Nur im jeweils rechten Beispiel haben wir es deshalb mit einem selbstständigen Adverb zu tun.

Er ist von Berlin hérgekommen.	*Er ist von Berlin her gekommen.*
Wie du dástehst!	*Wie du da stehst.*
Wollt ihr zusámmenkommen?	*Wollt ihr zusammen kommen?*

2. Syntaktische Probe

Das selbstständige Adverb kann auch entfernt vom Verb stehen. Im jeweils rechten Beispiel ist ein weiterer Ausdruck zwischen Adverb und Verb eingeschoben, im jeweils linken Beispiel ist das nicht möglich.

Er ist vom Parkplatz hérgekommen.	*Er ist vom Parkplatz her zu uns gekommen.*
Wie du dástehst!	*Wie du da wieder stehst.*
Willst du vórwärtsfahren?	*Willst du vorwärts in die Garage fahren?*
Wollt ihr zusámmenkommen?	*Wollt ihr zusammen nach Köln kommen?*

Zusammensetzungen mit Pronominaladverbien vom Typ *davon, davor, daran* und Verb

Bei einigen sogenannten Pronominaladverbien wie *davón, davór, dazú* hängt die Entscheidung darüber, ob getrennt oder zusammengeschrieben wird, davon ab, auf welcher Silbe die Betonung liegt:

sie sind noch einmal davóngekommen
der Posten, der davórsteht, ...
ihr dürft gerne dazúkommen

Aber:

das ist dávon gekommen, dass
sich dávor fürchten, dass...
ích werde wohl nicht dázu kommen

Bei den Pronominaladverbien, die mit *dar* gebildet werden (*daran, darauf, darunter* etc.), wird in Verbindung mit einigen Verben das *a* weggelassen, z. B. *dranbleiben*. Beim selbstständigen Adverb hingegen bleibt (zumindest in der geschriebenen Sprache) die volle Form erhalten *(wir werden daran arbeiten).*

dranbleiben	*draufhauen*	*drüberfliegen*
drangehen	*drauflegen*	*drüberstreuen*
dranhalten	*drinbleiben*	*drunterliegen*
draufhalten	*drinstecken*	*drunterstellen*

Zusammensetzungen mit nicht mehr selbstständig vorkommenden Wortbestandteilen

Eine Reihe von Ausdrücken, die wie Adverbien aussehen, tritt heute gar nicht mehr als selbstständiges Wort auf. Anderen kann in Zusammensetzungen auch keine bestimmte Wortart mehr zugeordnet werden. In diesen Fällen wird zusammengeschrieben:

abhandenkommen	*hintanstellen*	*umhinkönnen*
anheimstellen	*innehalten*	*vorliebnehmen*
darlegen	*irreleiten*	*wahrnehmen*
einhergehen	*kundtun*	*weismachen*
fehlgehen	*leidtun*	*wettmachen*
feilbieten	*preisgeben*	*zunichtemachen*
fürliebnehmen	*übereinkommen*	*zurechtkommen*
heimholen	*überhandnehmen*	

Verbindungen mit *sein*

Eine spezielle Regelung gilt für Präpositionen und Adverbien, die mit Formen von *sein* auftreten.

R 28 Verbindungen von Präpositionen und Adverbien mit Formen von *sein* werden getrennt geschrieben.

da sein, auf sein, los sein, vorbei sein, zurück sein, da ist, auf seid, auf war, los gewesen, vorbei gewesen

Der Grund für diese Regelung ist, dass man früher (d.h. vor der Neuregelung 1996) einerseits Schreibungen wie *dasein, vorbeisein* oder auch *dagewesen, weggewesen* kannte, nie aber Zusammenschreibungen mit den unregelmäßigen Personalformen des Verbs *sein,* also nicht **daist, *aufsind* oder **losseid*. Die jetzige Getrenntschreibung stellt eine Vereinheitlichung dar.

Adjektiv mit Verb

R 29 Einfache Adjektive können mit Verben trennbare Zusammensetzungen bilden. Sie werden bei Infinitiven, bei Partizipien und bei Nebensätzen, in denen das Verb am Schluss steht, zusammengeschrieben.

Bei der Verbindung aus Adjektiv und Verb sind drei Fälle zu unterscheiden:

1. Getrennt- oder Zusammenschreibung: *blankputzen/blank putzen*
2. Zusammenschreibung: *krankschreiben*
3. Getrenntschreibung: *glaubhaft machen*

1. Getrennt- oder Zusammenschreibung bei resultativen Verben

Man kann getrennt oder zusammenschreiben, wenn die Verbindung aus Adjektiv und Partizip das Resultat der Verbalhandlung bezeichnet. In dem Satz *Er kocht die Kartoffeln weich* führt die Verbalhandlung dazu, dass die Kartoffeln weich bzw. weichgekocht sind. Man kann daher getrennt oder zusammenschreiben.

blankputzen/blank putzen	*kaputtmachen/kaputt machen* (etw. zerstören)
blaustreichen/ blau streichen	*kurzschneiden/kurz schneiden*
dickfüttern/dick füttern	*langziehen/lang ziehen*
fertigstricken/fertig stricken	*leertrinken/leer trinken*
geradebiegen/gerade biegen (einen Draht)	*rotfärben/rot färben*
glattschleifen/glatt schleifen	*übriglassen/übrig lassen*
kleinsägen/klein sägen	*kaltstellen/kalt stellen* (Getränk)

Beachte

» Verbindungen mit *fest-, voll-,* oder *tot-* bilden eine Sondergruppe. Diese Adjektive gehen zahlreiche Verbindungen mit Verben ein (Reihenbildung: *volltanken, vollfüllen, vollschenken*), von denen einige übertragen gebraucht werden. Hier ist fast ausschließlich die Zusammenschreibung belegt. Diese Verbindungen sollten grundsätzlich zusammengeschrieben werden:

vollkritzeln, volllaufen, volltanken, vollspritzen
festhalten, feststellen, festlegen
totschlagen, sich totstellen, sich totlachen

aber nur: *tot auffinden, tot umfallen*

2. Zusammenschreibung bei idiomatisierter Gesamtbedeutung

Bei einer Gruppe von Verbindungen wird das Resultat der Handlung niemals vom Adjektiv allein, sondern von den beiden Bestandteilen gemeinsam bezeichnet. Wenn man etwas richtigstellt, dann wird es dadurch nicht ‚richtig', aber es ist ‚richtiggestellt'. Wenn man jemanden krankschreibt, dann ist er krankgeschrieben, aber ‚krank' wird er dadurch nicht. Dabei kommt es auf die gemeinsame Bedeutung der beiden Bestandteile an. Meist handelt es sich um eine übertragene oder idiomatisierte Gesamtbedeutung. In diesen Fällen liegt eine trennbare Zusammensetzung vor, es wird zusammengeschrieben:

breittreten	*klarstellen*
festnageln (‚festlegen')	*kranklachen*
freisprechen (‚Angeklagten')	*kürzertreten* (‚sich einschränken')
gesundbeten	*richtigstellen*
gleichsetzen	*schlechtmachen*
heiligsprechen	*schönreden*
hochheben	*schwerfallen* (‚Mühe verursachen')
kaltstellen (‚jmdn. ausschalten')	*schwernehmen*
geradebiegen (‚in Ordnung bringen')	*sicherstellen*

3. Getrenntschreibung

In den übrigen Verbindungen ist das Adjektiv als selbstständig anzusehen, es wird getrennt geschrieben. Dies gilt insbesondere dann, wenn das Adjektiv selbst komplex ist:

bewusstlos schlagen, dingfest machen, schachmatt setzen, sonnenklar machen, schrottreif fahren, glaubhaft machen

Getrennt geschrieben wird natürlich auch dann, wenn das Adjektiv für sich modifiziert ist, z. B.:

ziemlich glatt hobeln, zu klein schneiden, etwas kleiner schneiden, ganz nahe kommen, halb leer trinken

Bei solchen Ausdrücken gibt es im Allgemeinen kein Schreibproblem, niemand möchte hier zusammenschreiben. Man muss diese Fälle aber ausdrücklich erwähnen, damit die Zusammenschreibung nicht mechanisch zu weit getrieben wird.

Substantiv mit Verb

In der Verbindung aus Substantiv und Verb finden sich einige der umstrittensten Fälle für die Getrennt- und Zusammenschreibung. Der Grund ist, dass manche Erstglieder wie selbstständige Substantive aussehen, sich aber nicht so verhalten und deshalb mit dem Verb zusammengeschrieben werden. Im einfachsten Fall bilden sie mit dem Verb eine feste Zusammensetzung, d. h. das Erstglied ist nicht abtrennbar und wird immer mit dem Zweitglied zusammengeschrieben. So haben wir *lustwandeln* und *Er lustwandelt*, aber nicht **Er wandelt lust*. Zu dieser Gruppe gehören:

bauchreden
bausparen
bergsteigen
brandmarken
handhaben
heimarbeiten
kopfrechnen
lustwandeln
maßregeln
nachtwandeln
punktschweißen
sandstrahlen
schlussfolgern
weissagen
wetteifern

In einer weiteren Gruppe hingegen ist der substantivische Bestandteil vom Verb abtrennbar.

R 30 Substantive können mit Verben trennbare Zusammensetzungen bilden. Sie werden bei Infinitiven, bei Partizipien und bei Nebensätzen, in denen das Verb am Schluss steht, zusammengeschrieben.

Das Erstglied sieht wieder aus wie ein Substantiv, hat aber kaum Eigenschaften eines selbstständigen Wortes. So ist in *státtfinden* und *Es findet státt* das Erstglied *státt* nicht als Substantiv anzusehen. Es verhält sich viel eher wie ein Verbzusatz und wird deshalb bei Abtrennung vom Verb kleingeschrieben. Zu dieser Gruppe gehören:

eislaufen
kopfstehen
nottun
standhalten
stattfinden
stattgeben
teilhaben
teilnehmen
wundernehmen

Hat das Erstglied Eigenschaften eines selbstständigen Substantivs, dann wird es getrennt vom Verb und großgeschrieben:

Auto fahren, Bankrott machen
Klavier spielen
Rad fahren
Schlittschuh laufen
Radio hören
Sopran singen
Tango tanzen
Oboe üben
Pfeife rauchen
Probe singen
Probe turnen

Der Unterschied zwischen *eislaufen* einerseits und *Auto fahren* andererseits zeigt sich beispielsweise daran, dass man sagen kann *Sie fährt Auto* und *Sie fährt ein altes Auto*, andererseits aber nur *Sie läuft eis* und nicht **Sie läuft ein kaltes Eis*. Je mehr substantivische Eigenschaften man testet, desto klarer wird der Unterschied und desto deutlicher wird, dass *eis* in *eislaufen* eher Eigenschaften eines Verbzusatzes als eines selbstständigen Substantivs hat und deshalb mit dem Verb zusammengeschrieben wird. Man erfasst auf diese Weise auch den Unterschied zwischen *eislaufen* auf der einen und *Eis essen, Eis kaufen* usw. auf der anderen Seite, wo *Eis* ja selbstständiges Substantiv in der Funktion eines direkten Objekts ist (wen oder was essen/kaufen?).

Natürlich gibt es auch Übergangsfälle, und vor allem gibt es solche, die man sowohl als Wort wie als Wortgruppe anzusehen hat. Dann sind beide Schreibungen möglich:

achtgeben/Acht geben
achthaben/Acht haben
brustschwimmen/Brust schwimmen
danksagen/Dank sagen
delphinschwimmen/Delphin schwimmen
gewährleisten/Gewähr leisten
haltmachen/Halt machen
marathonlaufen/Marathon laufen
maßhalten/Maß halten
staubsaugen/Staub saugen

Ob man getrennt oder zusammenschreibt, ist meist wieder von der Verwendung bestimmt. So wird man schreiben *weil sie wie vorgesehen haltmachen*, aber andererseits *weil sie den vorgesehenen Halt machen*.

Verb mit Verb

Eine Reihe von Verben kann sich mit einem Verb im Infinitiv als Erstglied verbinden.

R 31 Verbindungen aus zwei Verben werden in der Regel getrennt geschrieben.

lieben lernen	*baden gehen*
arbeiten kommen	*spazieren fahren*
kochen helfen	*schwimmen schicken*
lesen lehren	*sprechen üben*

Eine besondere Rolle spielen bei solchen Verbindungen die Verben *bleiben* und *lassen*, insofern sie zur Reihenbildung neigen:

liegen bleiben	*liegen lassen*
sitzen bleiben	*sitzen lassen*
stehen bleiben	*stehen lassen*
stecken bleiben	*schlafen lassen*
hängen bleiben	*arbeiten lassen*

Ein Teil dieser Verbindungen kommt regelmäßig nicht nur in der Grundbedeutung, sondern auch in übertragener Bedeutung vor. Im allgemeinen Schreibgebrauch zeigt sich hier eine Tendenz zur Zusammenschreibung und es gilt:

R 32 Bei Verbindungen aus Verb mit *-bleiben* oder *-lassen* als zweitem Bestandteil ist bei übertragener Bedeutung neben der Getrenntschreibung auch die Zusammenschreibung möglich.

Zusammenschreibung ist beispielsweise möglich bei *jmdn. sitzenlassen*, auch: *sitzen lassen* (‚nicht mehr beachten') oder *hängenbleiben*, auch: *hängen bleiben* (‚im Gedächtnis bleiben'). Durch Zusammenschreibung kann also ausdrücklich der Bezug auf die übertragene Bedeutung hergestellt werden.

Verbindung	Bedeutung
sich etwas bieten lassen/ bietenlassen	etwas ertragen
etwas bleiben lassen/bleibenlassen	etwas nicht beginnen, mit etwas aufhören
jemanden hängen lassen/ hängenlassen	jemandem seine Unterstützung versagen
jemanden fallen lassen/fallenlassen	jemanden aufgeben
sich gehen lassen/gehenlassen	sich vernachlässigen
sitzen bleiben/sitzenbleiben	in der Schule nicht versetzt werden

Getrennt- und Zusammenschreibung ist auch bei *kennenlernen/kennen lernen* möglich. In alter Orthografie wurde nur zusammen-, seit 1996 nur getrennt geschrieben. *Kennenlernen* verhält sich anders als etwa *lieben lernen:* Wir haben *Sie lernt ihn lieben* und außerdem *Sie lernt ihn zu lieben,* aber wir haben nur *Sie lernt ihn kennen,* nicht auch **Sie lernt ihn zu kennen.* Deshalb ist in diesem Fall auch die Zusammenschreibung *kennenlernen* möglich.

2. Verbindungen mit Adjektiven und Partizipien

Die Vielfalt der Verbindungen mit Adjektiv als Zweitglied ist geringer als beim Verb. Ein Adjektiv bezeichnet meist eine Eigenschaft, und solche Eigenschaften kann man mit dem Erstglied einer Zusammensetzung näher bestimmen. Wie üblich ist dieser betont. Aus *rot* wird *dúnkelrot,* aus *dreist* wird *dúmmdreist,* aus *schwach* wird *álters-schwach* usw. Ein Schreibproblem tritt nicht auf, es wird zusammengeschrieben.

Modifikation des Adjektivs

Eine charakteristische und verbreitete Art der näheren Bestimmung (Modifikation) von Adjektivbedeutungen besteht darin, dass die bezeichnete Eigenschaft durch Erstglieder recht unterschiedlicher Art verstärkt oder abgeschwächt wird.

R 33 Bedeutungsverstärkende und bedeutungsabschwächende Erstglieder können mit Adjektiven Zusammensetzungen bilden. Sie werden zusammengeschrieben.

bitterernst
brandaktuell
erzreaktionär
extrabillig
gemeingefährlich
grundehrlich
hyperintelligent
lauwarm
stockdoof
superschlau
todtraurig
ultramodern

In vielen weiteren Fällen verhält sich ein adjektivisches Erstglied bei Zusammenschreibung ähnlich wie eben, es ist betont und bestimmt die Bedeutung des zweiten Bestandteils näher: *schwérkrank, hálboffen.* Aber auch Getrenntschreibung ist möglich. Beide Bestandteile sind dann in gleicher Weise betont und bilden eine Wortgruppe, wobei das Erstglied für sich modifiziert werden kann: *schwer krank, besonders schwer krank; halb offen, fast halb offen.* Zusammensetzung und Wortgruppe haben häufig eine ähnliche Bedeutung, oft unterscheiden sich die Bedeutungen aber auch deutlich. Man schreibt eben, was man ausdrücken möchte:

allgemeingültig/allgemein gültig
dichtbevölkert/dicht bevölkert
engverwandt/eng verwandt
leichtverdaulich/leicht verdaulich
halbvoll/halb voll
hochgiftig/hoch giftig
schwerverständlich/schwer verständlich

Regelmäßig ist diese Art von Unterscheidung mit *nicht* möglich. Man kann sowohl zusammenschreiben *(nichtöffentlich, nichtflektierbar, nichtgiftig)* als auch, mit entsprechender Bedeutung, getrennt *(nicht öffentlich, nicht flektierbar, nicht giftig).*

Schreibung mit Partizipien

Die meisten Partizipien verhalten sich in vieler Hinsicht wie Adjektive, beispielsweise werden sie wie Adjektive flektiert *(die laufenden Kosten, das gedruckte Buch).* Und wie eben für Adjektive erläutert, kann man bei Partizipien schreiben *schwerwiegend/schwer wiegend* oder *hochbegabt/hoch begabt.*

R 34 Verbindungen aus Einzelwort und adjektivisch gebrauchtem Partizip können sowohl getrennt als auch zusammengeschrieben werden.

ein Rat suchender/ratsuchender Bürger, das voll besetzte/vollbesetzte Kino, die allein erziehende/alleinerziehende Mutter, ein selbst gebackener/selbstgebackener Kuchen, die Öl fördernden/ölfördernden

Staaten, die nicht genehmigte/nichtgenehmigte Veranstaltung, Aufsehen erregend/aufsehenerregend, Eisen verarbeitend/eisenverarbeitend, Erfolg suchend/erfolgsuchend, Gefahr witternd/gefahrwitternd, Gewinn bringend/gewinnbringend, Wasser abstoßend/wasserabstoßend

Beachte

» Zusammensetzungen mit Verben, die nur zusammengeschrieben werden, müssen auch in allen ihren Partizipformen zusammengeschrieben werden:
die auseinandergenommenen Bauteile
der krankgeschriebene Arbeiter
der kaltgestellte Politiker

Verbindungen, bei denen der erste Bestandteil für eine Wortgruppe steht

R 35 Verbindungen mit einem Adjektiv oder Partizip, bei denen der erste Bestandteil für eine Wortgruppe steht, werden zusammengeschrieben.

Bei den unter **R34** aufgeführten Fällen wie z. B. *ein Rat suchender Bürger* hat das Substantiv *Rat* die Funktion eines direkten Objekts zu *suchender* (wen oder was suchend?), Die Verbindung lässt sich damit folgendermaßen umformen: *Ein Bürger sucht Rat*. Ebenso: *fleischfressende Tiere – diese Tiere fressen Fleisch*. In solchen Fällen ist neben der Getrenntschreibung auch Zusammenschreibung möglich: In einigen Fällen ist es jedoch nicht möglich, eine Wortgruppe aus denselben Bestandteilen wie die Zusammensetzung zu bilden. Zur Bildung der verwandten Wortgruppe muss man dann irgendein Element (etwa eine Präposition oder einen Artikel) hinzufügen. Hier wird stets zusammengeschrieben, z. B.

freudestrahlend	(vor Freude strahlend)
hilfeflehend	(um Hilfe flehend)
herzerquickend	(das Herz erquickend)
milieubedingt	(durch das Milieu bedingt)
selbstklebend	(von selbst klebend)
butterweich	(weich wie Butter)
angsterfüllt	(von Angst erfüllt)
jahrelang	(viele Jahre lang)

Schreibungen als Wortgruppe wie **Freude strahlend, *Hilfe flehend, *Herz erquickend* sind nicht möglich.

3. Verbindungen mit Substantiv

R 36 Zusammensetzungen mit substantivischem Zweitglied werden zusammengeschrieben.

Zusammensetzungen mit Substantiv als Zweitglied stellen den verbreitetsten Worttyp des Deutschen überhaupt dar. Vor allem mit einem weiteren Substantiv als Erstglied werden neue Wörter gebildet, aber auch Adjektiv, Verb und Präposition sind häufig:

Tischbein, Kopfleiste
Kleinkind, Grünfink
Badehose, Denkpause
Ausweg, Nebenfrage

Schreibprobleme treten nicht auf. Zusammensetzungen aller genannten Typen verhalten sich gleich. Sie werden wie sonst auch auf dem Erstglied betont und sie werden, wenn nicht aus besonderen Gründen ein Bindestrich steht, zusammengeschrieben:

Verbindungen mit Substantiven aus dem Englischen

Zusammensetzungen mit substantivischem Zweitglied

R 36 besagt eigentlich etwas Selbstverständliches, die Regel ist aber hilfreich für die Schreibung von Verbindungen, die mit Entlehnungen aus dem Englischen gebildet sind. Vor allem beim Adjektiv als Erstglied gibt es Unsicherheiten. Im Englischen folgt die Bildung von Zusammensetzungen anderen Regeln als im Deutschen. Dort haben wir einerseits Zusammenschreibungen wie *hardcash*, andererseits Getrenntschreibungen wie *hard labour, hard money, hard rubber.*

Werden solche Verbindungen im Deutschen verwendet, dann kann man sie als Zitatausdrücke wie im Englischen schreiben. Werden sie jedoch ins Deutsche übernommen oder im Deutschen aus englischen Bestandteilen gebildet, dann sind sie nicht als englisch, sondern als Anglizismen im Deutschen anzusehen. Entsprechend werden sie geschrieben. Zusammenschreibung ist gefordert, wenn sie sich wie Zusammensetzungen im Deutschen verhalten oder bereits als Zusammenschreibungen aus dem Englischen übernommen wurden. In vielen Fällen liegt dann die Betonung ausschließlich auf dem Erstglied:

Touchscreen, Desktoppublishing, Midlifecrisis, Timesharing, Tradeunion, Bandleader, Swimmingpool

Zusammensetzungen aus Adjektiv und Substantiv

Bei Zusammensetzungen aus Adjektiv und Substantiv aus dem Englischen gibt in der Regel die Betonung darüber Auskunft, ob nur getrennt geschrieben werden kann oder ob daneben auch die Zusammenschreibung zulässig ist. Kann in der Verbindung nur das Erstglied betont werden, wird zusammengeschrieben, meist liegt dann auch im Englischen eine Zusammenschreibung vor:

Hardware, Hardwood, Hightech, Hotline, Highlight, Highway, Hardcover, Freestyle

In anderen Fällen kann ebenfalls der erste Bestandteil betont sein, daneben ist aber auch die Betonung beider Bestandteile möglich. Es kann dann sowohl zusammen- als auch getrennt geschrieben werden:

Hárdcopy/Hárd Cópy
Hótspot/Hót Spót
Hárddisk/Hárd Dísk
Hárdrock/Hárd Róck

In zahlreichen weiteren Fällen liegt der Akzent normalerweise auf beiden Bestandteilen, es wird nur getrennt geschrieben:

Electronic Banking, High Society, Missing Link, Open Source, Joint Venture, Personal Computer, Open Air, Public Relations, Soft Skills

4. Verbindungen anderer Wortarten

Wörter, die im Text häufig nebeneinanderstehen, können unter bestimmten Umständen zu einem Wort zusammenwachsen. Voraussetzung ist, dass das entstehende Wort zu einer Wortart gehört, die in den gegebenen Zusammenhang passt. So ist aus der adverbialen Fügung *hier zu Lande* das Adverb *hierzulande* hervorgegangen, aus der Fügung mit Genitivattribut *an dessen Statt* wurde zuerst *an Statt dessen* und danach durch Zusammenwachsen der beiden ersten Wörter die Präposition *anstatt,* die den Genitiv nach sich zieht: *anstatt dessen.* Das Zusammenwachsen von Wörtern bezeichnet man treffend als Univerbierung. Das Deutsche weist zahlreiche zusammengesetzte Wörter unterschiedlicher Wortart auf, die auf diesem Weg entstanden sind, z. B. die Konjunktionen *nachdem, sofern, obwohl;* die Präpositionen *anhand, infolge, inmitten;* die Adverbien *allseits, deshalb, bisweilen.* Univerbierungsprozesse sind nicht nur zahlreich, sondern auch sehr vielfältig strukturiert, so dass man sie nicht in einfache Regeln fassen kann. Meist bestehen aber keine Zweifel, ob schon ein Wort oder noch eine Wortgruppe vorliegt. Bei Unsicherheit gibt das Wörterbuch Auskunft.

Für einige markante Fälle, in denen der Prozess des Zusammenwachsens nicht abgeschlossen ist, wurden orthografische Festlegungen getroffen. Dazu gehören vor allem die folgenden.

R 37 Wortgruppen, die sich im Prozess des Zusammenwachsens zu Präpositionen, Konjunktionen und Adverbien befinden, können sowohl getrennt als auch zusammengeschrieben werden.

Das betrifft Präpositionen, Konjunktionen und Adverbien:

Präpositionen:

anstelle/an Stelle, aufgrund/auf Grund, aufseiten/auf Seiten, mithilfe/mit Hilfe, vonseiten/von Seiten, zugunsten/zu Gunsten, zulasten/zu Lasten, zuungunsten/zu Ungunsten, zuzeiten/zu Zeiten

die Konjunktion

sodass/so dass

Adverbien:

außerstand/außer Stand, außerstande/außer Stande, imstande/im Stande, instand/in Stand, infrage/in Frage, zugrunde/zu Grunde, zuhause/zu Hause, zuleide/zu Leide, zumute/zu Mute, zurande/zu Rande, zuschanden/zu Schanden, zuschulden/zu Schulden, zustande/zu Stande, zutage/zu Tage, zuwege/zu Wege

Bei Verbindungen mit dem Erstglied *irgend* wird dieser Prozess als generell abgeschlossen angesehen.

R 38 Verbindungen mit dem Erstglied *irgend* werden zusammengeschrieben.

Das betrifft:

Artikel und Pronomina:

irgendein, irgendeiner, irgendetwas, irgendjemand, irgendwelche, irgendwas, irgendwer

Adverbien:

irgendeinmal, irgendwomit, irgendwann, irgendwie, irgendwo, irgendwodurch, irgendwoher, irgendwohin

Getrennt geschrieben wird bei Verbindungen mit *so: irgend so ein, irgend so etwas, irgend so jemand, irgend so was.*

Getrennt- und Zusammenschreibung auf einen Blick

Zusammensetzung oder Wortgruppe?

Je nach Zweitbestandteil lassen sich vier Arten von Verbindungen unterscheiden, für die je eigene Regeln gelten: Verbindungen

1. mit Verben	*zusammenkommen, weg sein*
2. mit Adjektiven/Partizipien	*bitterernst, vollbesetzt/voll besetzt,*
3. mit Substantiven	*Fabrikarbeit, High Society, Hardware*
4. mit anderen Wortarten	*anstelle/an Stelle, sodass/so dass*

Feste Zusammensetzungen mit Verben

Feste Zusammensetzungen schreibt man zusammen; die Reihenfolge der Bestandteile bleibt unabhängig von der Stellung im Satz immer gleich: *handhaben, bergsteigen, schlafwandeln, kopfrechnen*

Präposition und Verb

Präpositionen können mit Verben Zusammensetzungen eingehen: *abgeben, annehmen, mitmachen, nachholen, vorhalten*

Adverb und Verb

- **Zusammenschreibung:** Wenn das Adverb in dieser Verbindung betont ist: *abhándenkommen, auseinándersetzen, hinterhérlaufen*
- **Getrenntschreibung:** Das Adverb ist nicht besonders betont, es lassen sich oft weitere Satzglieder einfügen: *zusammen (mit den anderen) kommen, rückwärts (in die Garage) fahren*

Verbindungen mit *sein*

Verbindungen mit *sein* schreibt man getrennt: *da sein, los gewesen*

Adjektive und Verben

- **Zusammenschreibung:** Wenn das Adjektiv zusammen mit dem Verb eine neue idiomatisierte Gesamtbedeutung ergibt: *krankschreiben, klarstellen, kaltstellen* (‚jmdn. ausschalten')
- **Getrennt- oder Zusammenschreibung:** Wenn das Adjektiv das Resultat der mit dem Verb ausgedrückten Tätigkeit bezeichnet: *blank putzen/blankputzen, sauber machen/saubermachen*
- **Getrenntschreibung:** wenn das Adjektiv komplex oder erweitert ist: *bewusstlos schlagen, schachmatt setzen, etwas ganz klein schneiden*

Substantiv und Verb

- **Getrenntschreibung:** Substantive und Verben schreibt man in der Regel getrennt: *Auto fahren, Rad fahren, Öl fördern, Tango tanzen*
- **Zusammenschreibung:** Wenn der Erstbestandteil die Eigenschaften eines selbstständigen Substantivs verloren hat: *eislaufen, standhalten, nottun, teilhaben, wundernehmen, leidtun, kopfstehen*

- **Getrennt- oder Zusammenschreibung:** *achtgeben/Acht geben, maßhalten/Maß halten, danksagen/Dank sagen*

Verb und Verb

- **Getrenntschreibung:** Verbindungen aus zwei Verben schreibt man in der Regel getrennt: *baden gehen, spazieren gehen, sprechen üben*
- **Getrennt- oder Zusammenschreibung:** Bei Verbindungen mit *bleiben* und *lassen* in übertragener Bedeutung: *liegen bleiben/liegenbleiben* (,nicht erledigt werden'), *jmdn. fallen lassen/fallenlassen* (,jmdn. aufgeben'), *sich hängen lassen/hängenlassen*

Ebenso: *kennen lernen/kennenlernen*

Verbindungen mit Adjektiven/Partizipien

Zusammenschreibung:

- wenn der erste Bestandteil ein bedeutungsverstärkendes oder -abschwächendes Adjektiv ist: *bitterernst, grundehrlich, todtraurig*
- wenn der erste Teil für eine Wortgruppe steht: *gramerfüllt, freudestrahlend, selbstklebend, milieubedingt, butterweich*

Getrennt- oder Zusammenschreibung:

- Verbindungen mit einem adjektivisch gebrauchten Partizip: *dicht bevölkert/dichtbevölkert, Rat suchend/ratsuchend*
- wenn der erste Bestandteil das Adjektiv modifiziert: *halb offen/halboffen, schwer krank/schwerkrank, eng verwandt/engverwandt*

Verbindungen mit Substantiven

- **Zusammenschreibung:** Verbindungen mit einem Substantiv als zweitem Bestandteil: *Tischbein, Wunderkind, Konfektionsgröße*

Verbindungen mit fremdsprachlichen Substantiven

- **Zusammenschreibung:** Verbindungen, die sich im Deutschen wie Zusammensetzungen verhalten: *Touchscreen, Timesharing*
- **Getrennt- oder Zusammenschreibung:** Verbindungen aus Adjektiv und Substantiv, bei denen nur der erste Bestandteil betont sein kann: *Hard Disk/Harddisk, Hot Spot/Hotspot*
- **Getrenntschreibung:** Verbindungen aus Adjektiv und Substantiv, bei denen beide Teile betont sind: *Electronic Banking, High Society*

Verbindungen mit anderen Wortarten

- **Getrennt- oder Zusammenschreibung:** Wortgruppen, die als Adverb oder Präposition oder als Konjunktion gebraucht werden: *an Stelle/anstelle, auf Grund/aufgrund, mit Hilfe/mithilfe*
- **Zusammenschreibung:** Verbindungen mit *irgend*: *irgendein, irgendjemand, irgendetwas, irgendwo.* Nur getrennt: *irgend so (ein).*

C Schreibung mit Bindestrich

In seiner Grundfunktion ist der Bindestrich ein wortinternes Gliederungszeichen, das verwendet werden kann, um bestimmte Wortbestandteile hervorzuheben und unübersichtliche Wörter leicht lesbar zu machen. Darüber hinaus gibt es Wörter mit besonderer Struktur (Wortreihen, Eigennamen) oder mit besonderen Bestandteilen (Ziffern, Abkürzungen), bei denen die Verwendung des Bindestrichs obligatorisch ist.

Bindestrich als fakultatives Gliederungszeichen

R 39 Zur Hervorhebung einzelner Wortbestandteile, insbesondere bei Zusammensetzungen, kann zwischen dem Erst- und dem Zweitglied ein Bindestrich verwendet werden. Substantivische Bestandteile nach einem Bindestrich werden großgeschrieben. Bei Zusammensetzungen mit mehr als zwei Gliedern wird der Bindestrich an der Hauptfuge gesetzt.

Kernwortschatz:

Landeshaushalts-Defizit, Landes-Hochschulrat, Bauspar-Lebensversicherung, Druck-Erzeugnis, Drucker-Zeugnis

Besonders sinnvoll ist die Verwendung des Bindestrichs in folgenden Fällen:

- wenn Wortbestandteile besonders hervorgehoben werden sollen, z.B. *Kann-Bestimmung, Ich-Erzähler, dass-Satz, ent-wässern, Normal-Substantiv, Nil-Delta, Riester-Rente, Wahrig-Redaktion*
- wenn an der Wortfuge drei gleiche Buchstaben aufeinanderfolgen: *see-erfahren, Zoo-Ordnung, Nachlass-Summe, Fußball-Land*
- bei Zusammensetzungen aus nebengeordneten Adjektiven: *blau-weiß-rot, nass-kalt, süß-sauer*. Bei komplexen Adjektiven wird ein Bindestrich gesetzt: *technisch-physikalisch, britisch-amerikanisch.*

Fremdwörter:

Verbindungen mit Bestandteilen aus anderen Sprachen werden zusammengeschrieben, wenn sie sich im Deutschen wie Zusammensetzungen verhalten. Ist sowohl das Erstglied als auch das Zweitglied substantivisch, dann kann ein Bindestrich gesetzt werden. Oft wird mit dem Bindestrich angezeigt, dass die Zusammensetzung nicht vollständig in den Kernwortschatz integriert ist.

Assessmentcenter	*Assessment-Center*
Investmentgesellschaft	*Investment-Gesellschaft*
Midlifecrisis	*Midlife-Crisis*
Hairstylist	*Hair-Stylist*
Shoppingcenter	*Shopping-Center*
Desktoppublishing	*Desktop-Publishing*
Onlinebetrieb	*Online-Betrieb*

Beachte

» Diese Regel gilt nur für Verbindungen aus Substantiv und Substantiv. Bei Verbindungen aus Adjektiv und Substantiv ist der Bindestrich hingegen nicht vorgesehen. Hier kann nur getrennt bzw. zusammengeschrieben werden:

Blackbox	*Black Box*
Happyend	*Happy End*
	Electronic Banking
	High Society

Zu diesen Verbindungen siehe **R36**.

Bindestrich bei Wortreihen

R 40 Bei Substantiven, die aus Wortreihen oder mit Wortreihen gebildet sind, wird zwischen den Bestandteilen ein Bindestrich gesetzt. Das Erstglied sowie substantivische Bestandteile werden großgeschrieben.

das Auf-die-lange-Bank-Schieben, das Entweder-oder, ein Sowohl-als-auch, eine Ad-hoc-Entscheidung, das Arme-Sünder-Glöckchen, die One-Man-Show, das An-den-Haaren-Herbeiziehen, das Über-sich-Hinauswachsen, die Last-Minute-Buchung, die Grund-Folge-Beziehung, der Nord-Süd-Konflikt, der Hals-Nasen-Ohren-Arzt

Unter den Anglizismen gibt es eine Reihe von Substantiven, die aus Wortgruppen mit Verb und Präposition oder Adverb gebildet sind. Sie können mit oder ohne Bindestrich geschrieben werden:

der Check-out/Checkout	*das Know-how/Knowhow*
das Come-back/Comeback	*das Lay-out/Layout*
der Count-down/Countdown	*das Play-back/Playback*
das Go-in/Goin	*das Play-off/Playoff*

Man sieht, dass in einigen Fällen *(Goin, Knowhow)* die Schreibung mit Bindestrich zur Sicherung der Lesbarkeit verwendet werden sollte.

Bindestrich bei Eigennamen

R 41 Zusammengesetzte geografische Namen und zusammengesetzte Familiennamen werden, wenn amtlich nichts anderes festgelegt ist, mit Bindestrich geschrieben. Auch bei Vornamen ist die Schreibung mit Bindestrich möglich.

Müller-Thurgau, Koch-Mehrin, Wien-Schwechat, Berlin-Brandenburg, Gabriele-Charlotte/Gabriele Charlotte, Anne-Marie/Anne Marie/Annemarie

R 42 Bei Zusammensetzungen, deren Erstglied ein mehrteiliger Eigenname ist, steht zwischen sämtlichen Bestandteilen ein Bindestrich.

Otto-Behaghel-Straße, Heinrich-von-Kleist-Theater, Roman-Jakobson-Syndrom, Max-Planck-Gesellschaft

Bindestrich bei Zusammensetzungen mit Abkürzungen, Buchstaben und Ziffern

R 43 Bei Zusammensetzungen mit Abkürzungen, Buchstaben und Ziffern als Erstglied oder Zweitglied wird ein Bindestrich gesetzt.

ICE-Fahrpreis, km-Pauschale, IWF-Direktor, UNO-Bevollmächtigter, Nato-Truppen, EU-Kommissar, Handball-EM, f-Moll, Schluss-s, 4-sätzig, 4-jährig, 4-Tonner, 4-mal, 4:0-Sieg, 4/4-Takt

Ist das Zweitglied ein Suffix, dann steht der Bindestrich nur dann, wenn das Erstglied aus einem einzelnen Buchstaben besteht, z. B. *n-tel, x-ter.* Entsprechend wird bei Zusammensetzungen wie *SPDler, 30%ig, 68er* kein Bindestrich gesetzt.

R 44 Tritt ein nach R43 gebildeter Ausdruck als Erstglied einer Zusammensetzung auf, dann steht nach diesem Erstglied ein Bindestrich.

ICE-Fahrpreis-Ermäßigung, km-Pauschalen-Abrechnung, 4-Zylinder-Motor, 500-Jahr-Feier, 20-Cent-Münze, 35-Stunden-Woche, 8-Stunden-Tag, 1-kg-Hantel, Handball-EM-Turnier, Schluss-s-Schreibweise

Bindestrich auf einen Blick

Bindestrich bei Zusammensetzungen

Es wird ein Bindestrich gesetzt bei Zusammensetzungen mit

- Abkürzungen: *ICE-Fahrpreis, Nato-Truppen, Handball-EM*
- Einzelbuchstaben: *B-Movie, f-Moll, Fugen-s*
- Ziffern: *4-Sitzer, 3-strophig, 100-prozentig*

Wörter mit Suffixen wie *-fach, -er, -ler*

- Bei Wörtern mit Suffixen steht kein Bindestrich, wenn das Erstglied aus einer Ziffer, einem Zeichen oder mehreren Buchstaben besteht: *30%ig, 68er, 80er Jahre, SPDler*
- Es steht ein Bindestrich bei Wörtern mit Suffixen, wenn der erste Bestandteil aus einem Buchstaben besteht. Bei Zusammensetzungen mit *-fach* ist jedoch auch Zusammenschreibung möglich: *n-tel, x-ter, 3-fach* auch: *3fach*

Mehrere Bindestriche

Mehrere Bindestriche stehen,

- wenn der erste Teil eine Zusammensetzung mit Bindestrich ist: *ICE-Fahrpreis-Ermäßigung, 4-Zylinder-Motor, 500-Jahr-Feier*
- wenn der erste Teil ein mehrteiliger Eigenname ist: *Otto-Behaghel-Straße*
- bei substantivisch gebrauchten Wortreihen: *das Auf-die-lange-Bank-Schieben*

Fakultative Bindestriche in Zusammensetzungen

In folgenden Fällen ist neben der Zusammenschreibung auch die Schreibung mit Bindestrich möglich und sinnvoll:

- bei unübersichtlichen Zusammensetzungen, wobei der Bindestrich an der Hauptfuge steht: *Bauspar-Lebensversicherung, Landes-Hochschulrat*
- wenn einzelne Wortbestandteile hervorgehoben werden sollen: *Ich-Erzähler, dass-Satz, Riester-Rente*
- wenn drei gleiche Buchstaben aufeinandertreffen: *Nachlass-Summe, Zoo-Ordnung*
- bei unübersichtlichen Verbindungen aus anderen Sprachen, die sich im Deutschen wie Zusammensetzungen verhalten: *Assessment-Center, Midlife-Crisis, Desktop-Publishing*
- bei substantivischen Zusammensetzungen aus dem Englischen, die aus einem Verb und einem Adverb bestehen: *Check-out, Play-back, Know-how, Play-off, Go-in, Lay-out*

D Groß- und Kleinschreibung

0. Vorbemerkungen

Im Allgemeinen bestehen Wortformen aus einer Folge von Kleinbuchstaben. Ein Wort großschreiben heißt, als ersten Buchstaben jeder seiner Wortformen einen Großbuchstaben zu verwenden. Ein Großbuchstabe am Wortanfang hebt die betreffende Wortform im laufenden Text hervor. So hilft die Großschreibung dabei, den Text formal und mit Bezug auf bestimmte Bedeutungseinheiten zu gliedern. Sie ist deshalb von größter Bedeutung für das Lesen. Die Hervorhebung durch Großschreibung betrifft einmal den Anfang bestimmter Texteinheiten **(R45)**. Anredepronomina werden als Höflichkeitsformen gekennzeichnet **(R46, R47)**. Substantive hebt man durch Großschreibung als Kern von Nominalgruppen hervor (**R48** bis **R53**). Eine von der Bedeutung her einheitliche Klasse von Ausdrücken, die sich teilweise mit den Substantiven überschneidet, sind die Eigennamen. Auch sie werden großgeschrieben **(R54, R55)**. Großschreibung im Wortinneren oder am Wortende wie in *EPlus, GermeXX, BahnCard* ist in jüngster Zeit vor allem bei Markennamen verbreitet. Sie dient meist der Kennzeichnung von Produkten. Die weiteste Verbreitung im Schreibgebrauch hat das große *I* wie in *StudentInnen, MitarbeiterInnen* gefunden, aber auch das große *I* ist bisher nicht Bestandteil der orthografischen Norm.

1. Großschreibung am Anfang von Texteinheiten

R 45 Das erste Wort eines Textes, das erste Wort eines Absatzes, das erste Wort eines vollständigen Satzes sowie das erste Wort nach einem Satzschlusszeichen schreibt man groß.

Ein Text fängt generell mit einem Großbuchstaben an. Zu den Textanfängen im Sinne der Großschreibung gehören auch Überschriften von Texten und Teiltexten, wie sie beispielsweise in längeren Zeitungsartikeln üblich sind. Weiter gehören dazu Werk- und Texttitel *(Mein Herz so weiß; Europäische Richtlinie zur Kennzeichnung der Herkunft von Rindfleisch)*, Briefanfänge *(Liebe Sophia)* u. Ä.

Was ein vollständiger Satz im Sinne der Großschreibung ist, bedarf nur in wenigen Fällen einer näheren Erläuterung. Zu diesen gehören: ein eingeschobener Satz (Parenthese), die direkte Rede und der Satz nach einem Doppelpunkt.

- Das erste Wort eines **eingeschobenen Satzes** wird nicht großgeschrieben, z. B.
Der Antrag wurde – das ist bemerkenswert – einstimmig angenommen.

- Das erste Wort einer **direkten Rede** wird großgeschrieben, auch wenn es sich nicht um einen vollständigen Satz handelt, z. B.
Karla stellte fest: „Alles in Ordnung."

- Folgt auf einen **Doppelpunkt** ein vollständiger Satz, so schreibt man das erste Wort nach dem Doppelpunkt groß. In allen anderen Fällen schreibt man klein, z. B.
Bitte notieren Sie: Der Zug hat heute fünf Minuten Verspätung.
Aber: *Bitte notieren Sie: heute fünf Minuten Verspätung.*

Besteht zum Satz nach dem Doppelpunkt eine so enge inhaltliche Verbindung, dass anstelle des Doppelpunktes auch ein Gedankenstrich möglich ist, dann kann das erste Wort des Satzes nach dem Doppelpunkt kleingeschrieben werden, z. B.
Paula war gut vorbereitet – ihre Mutter hatte an alles gedacht.
Mit Doppelpunkt kann man schreiben
Paula war gut vorbereitet: ihre/Ihre Mutter hatte an alles gedacht.

Zu den Satzschlusszeichen gehören der Punkt, das Fragezeichen und das Ausrufungszeichen. Nach diesen Zeichen schreibt man das erste Wort auch dann groß, wenn kein vollständiger Satz folgt, z. B.

Was hat sie gesehen? Nichts. Oder: Sie sind um vier Uhr angekommen. Alles dunkel. Kein Mensch auf der Straße.

2. Großschreibung von Pronomen zur höflichen Anrede

Großschreibung des Anredepronomens *Sie*

R 46 Das Anredepronomen *Sie* und das zugehörige Possessivum *Ihr* werden mit allen Flexionsformen großgeschrieben.

Wie oft haben Sie die Meerschweinchen Ihres Nachbarn gefüttert? Bitte weigern Sie sich nicht, ihm Ihr Handgepäck zum Wiegen zu überlassen.

Mit der Großschreibung werden Distanz und Höflichkeit ausgedrückt, gleichzeitig wird eine Verwechslung des Anredepronomens mit dem Pronomen *sie* der 3. Person Plural vermieden: *Kommen Sie/*

sie mit ins Konzert? Entsprechendes gilt für das Possessivpronomen *ihr*. Um derartige Verwechslungen zu vermeiden, werden auch alte Anredeformen großgeschrieben, z. B. *Hat Er/er unseren König tapfer verteidigt?*

Großschreibung der Anredepronomen *du* und *ihr*

R 47 Die Anredepronomen *du* und *ihr* sowie die zugehörigen Possessive *dein* und *euer* werden mit allen Flexionsformen kleingeschrieben. In Briefen ist daneben auch die Großschreibung möglich.

Du wirst gebeten, Euern/euern Vorschlag rechtzeitig einzureichen.
Beiliegend schicken wir Euch/euch seinen Text zurück.
Ich würde Euch/euch gerne im Sommer in Eurem/eurem Ferienhaus besuchen.
Ich hoffe, dass es Deiner/deiner Frau bessergeht.

3. Großschreibung von Substantiven

Weit mehr als die Hälfte aller Wörter des Deutschen sind Substantive. Die wichtigste Regel zur Großschreibung steht gleichzeitig für eins der hervorstechenden Merkmale der deutschen Orthografie überhaupt.

R 48 Substantive werden großgeschrieben. Zu den Substantiven gehören auch Substantivierungen.

Zur Großschreibung von Substantiven sind nähere Erläuterungen erforderlich, weil manche Substantive formgleich mit Wörtern anderer Wortarten sind, z. B. das Substantiv *Dank (sein Dank)* mit der Präposition *dank (dank ihrer Bemühung)*. Auch können Wörter anderer Wortarten, z. B. Adjektive, Verben, Adverbien, substantiviert werden und müssen dementsprechend großgeschrieben werden. Es muss daher in Zweifelsfällen durch grammatische Proben festgestellt werden, ob ein Substantiv vorliegt oder nicht.

Substantive zeichnen sich dadurch aus, dass ihnen Wörter bestimmter anderer Wortarten vorausgehen können, die sich auf das Substantiv beziehen. Dies können sein: Artikel, Pronomen, unbestimmte Zahlwörter oder Adjektive. Dem Substantiv können auch weitere Attribute folgen:

Artikel + adjektivisches Attribut	*der alte* ***Baum***
präpositionales Attribut	*der einzige alte* ***Baum*** *in unserer Straße*
Genitivattribut	*ein anderer konstruktiver* ***Vorschlag*** *der Opposition*
Relativsatz	*die drei schicken* ***Autos****, unter denen du wählen kannst*
	dieses viele langatmige ***Gerede****, das wir zu hören bekommen*

Eine solche Wortgruppe mit einem Substantiv als Kern wird als Nominalgruppe bezeichnet.

Substantivierungen

Substantive jeder Art können den Kern einer Nominalgruppe bilden *(Strumpf, Buch, Kind, Blume, Wind)*. Aber auch Substantivierungen unterschiedlicher Art können als Kerne von Nominalgruppen fungieren, z.B. das substantivierte Adjektiv, das substantivierte Partizip, der substantivierte Infinitiv oder Substantivierungen anderer Wortarten (zu den Substantivierungen weiter **R50, R51**).

substantiviertes Adjektiv:	*die drei Neuen aus Bonn*
substantiviertes Partizip:	*die erste Abgeordnete aus dem Landkreis Potsdam*
substantiviertes Verb:	*ein häufiges, ausgiebiges Wandern der ganzen Familie*
substantivierte Konjunktion:	*das ewige Aber der Kommission*

Zur richtigen Großschreibung hilft es also weiter, wenn man bei gegebener Verwendung eines Wortes versucht, eine ausgebaute Nominalgruppe (Artikelprobe, Attributprobe) und möglichst auch Nominalgruppen in unterschiedlichen Kasus zu bilden (Kasusprobe). Lässt sich das betreffende Wort zum Kern einer Nominalgruppe machen, dann handelt es sich jedenfalls um ein Substantiv. Anderenfalls bestehen Zweifel.

Artikelworttest:

Neben Schwimmen betreibt er noch Kraftsport.	*Neben* ***(dem)*** *Schwimmen betreibt er noch Kraftsport.*
Die Regelung lautet, Füttern der Tiere ist verboten.	*Die Regelung lautet,* ***(das)*** *Füttern der Tiere ist verboten.*

Attributtest:

Er hat ihm Übles nachgeredet.	*Er hat ihm **(viel)** Übles nachgeredet.*
Er ging als Zweiter durchs Ziel.	*Er ging als **(unglücklicher)** Zweiter durchs Ziel.*

Mehrteilige Fügungen und Wortreihen

Mehrteilige Fügungen und Wortreihen **(R40)**, die als Ganze substantiviert sind, werden ebenfalls großgeschrieben. Bei Wortreihen, die durch Bindestrich verbunden sind, werden das erste Wort und alle weiteren Substantive bzw. Substantivierungen großgeschrieben.

kein Wenn und Aber
das Auf oder Ab
das Auf-der-Lauer-Liegen
unsere Ein-Mann-Schau

Auch bei mehrteiligen substantivisch gebrauchten Fügungen aus anderen Sprachen wird das erste Wort sowie alle weiteren Substantive großgeschrieben:

die Consecutio Temporum
das Pars pro Toto
das Après-Ski
die High Society
das Corned Beef (auch *Cornedbeef* ist möglich)

Beachte

» Die nichtsubstantivischen Bestandteile im Innern solcher Fügungen werden weiterhin kleingeschrieben:

der Status quo
der Grand ouvert
die Pommes frites
die Terra incognita

Kleinschreibung von Desubstantivierungen

Wechselt ein Wort vom Substantiv in eine andere Wortart über, kann es in der entsprechenden Verwendung nicht als Kern einer Nominalgruppe fungieren. Das ist etwa der Fall bei den Präpositionen *trotz* und *dank* wie in *trotz/dank ihrer Anfrage*. In manchen Fällen ist der Wortartwechsel weniger offensichtlich, und man erfasst die Kleinschreibung solcher Desubstantivierungen ausdrücklich in einer Regel:

R 49 Desubstantivierte Wörter werden kleingeschrieben.

In erster Linie betroffen ist eine größere Zahl von Wörtern, die formgleich mit Substantiven sind, aber mit dem Verb *sein* (zum Teil auch mit *bleiben* und *werden*) auftreten. Diese Wörter werden analog zu Adjektiven behandelt und kleingeschrieben, z. B. *Sie ist ihm feind* analog zu *Sie ist ihm fremd*, nicht also **Sie ist ihm Feind.* In diese Reihe gehören:

angst, bange, feind, freund, gram, klasse, leid, not, pleite, recht, schnuppe, schuld, spitze, unrecht, weh

Beachte

» Schon in scheinbar ähnlichen Konstruktionen kann es sich um Substantive handeln. So schreiben wir klein: *Ihr ist angst;* aber: *Sie hat Angst,* denn hier kann auch eine ausgebaute Nominalgruppe stehen: *Sie hat eine unerklärliche Angst.* Ähnlich *Du bist schuld – Du hast Schuld,* und natürlich auch *Sie ist spitze – Sie ist einsame Spitze.*

In einigen Fällen ist schwer zu entscheiden, ob ein Substantiv vorliegt oder nicht. So kann bei *recht/Recht* und *unrecht/Unrecht* in Verbindung mit den Verben *behalten, bekommen, geben, haben, tun* klein- oder großgeschrieben werden:

Sie hat recht/Recht.
Sie bekommt unrecht/Unrecht.
Er gibt ihr recht/Recht.
Du tust ihm unrecht/Unrecht.

Großschreibung in erstarrten Nominalgruppen

Zweifel an der Großschreibung bestehen für eine größere Gruppe von Wörtern, die bei einer Präposition auftreten. Sie können einen Artikel oder Artikelrest (Verschmelzung *im, am, zur* usw.) aufweisen und über eine Deklinationsendung verfügen. Damit weisen sie bestimmte Merkmale eines Substantivs auf:

R 50 Wörter in festen Fügungen, die einen Artikel oder Artikelrest sowie eine Deklinationsendung aufweisen, werden großgeschrieben.

Von der Form her handelt es sich bei solchen Wörtern um Substantivierungen von Adjektiven, Partizipien oder Adverbien. In Fügungen wie *zum Besten* oder *des Näheren* sind die Bedingungen von **R50** erfüllt, es ist ein Artikel(rest) sowie eine Deklinationsendung vorhanden:

im Allgemeinen, im Argen, um ein Beträchtliches, zum Besten, im Entferntesten, im Einzelnen, im Folgenden, im Ganzen, im Großen und Ganzen, im Übrigen, im Voraus, im Wesentlichen, des Langen und Breiten, das Nämliche, des Näheren, des Öfteren, des Weiteren

Bei bestimmten festen Fügungen aus Präposition und dekliniertem Adjektiv kann groß- oder kleingeschrieben werden:

binnen kurzem/Kurzem
seit langem/Langem
von nahem/Nahem
von neuem/Neuem
von weitem/Weitem
bei weitem/Weitem
bis auf weiteres/Weiteres
ohne weiteres/Weiteres

Kleingeschrieben werden dagegen Fügungen aus Präposition und nichtdekliniertem Adjektiv ohne vorangehenden Artikel:

von nah und fern
Hier hast du es schwarz auf weiß.
Die Stimmung war grau in grau.

Superlativ nach *am* oder *aufs*

Die Formen des Superlativs nach *am* werden kleingeschrieben, sofern man ihn mit *wie?* erfragen kann. In diesen Fällen kann *am* nicht zu *an dem* aufgelöst werden:

Dies gefällt mir am besten.
So kommst du am schnellsten nach Hause.

Der Superlativ nach *aufs* kann klein- oder großgeschrieben werden, denn hier kann *aufs* in der Regel zu *auf das* aufgelöst werden:

jemanden aufs herzlichste/Herzlichste begrüßen
er hat ihn aufs gröbste/Gröbste beleidigt

Beachte

» Superlative, nach denen mit *woran?* oder *worauf?* gefragt werden kann, schreibt man groß, da hier *am* und *aufs* in der Regel zu *an dem* bzw. *auf das* aufgelöst werden können:

Sie zeigt beim Einkaufen nur am (= an dem) Teuersten Interesse.
(Frage: *woran?*)
Man darf sich nicht immer am (= an dem) Besten orientieren.
(Frage: *woran?*)
Wir sind aufs (= auf das) Beste angewiesen.
(Frage: *worauf?*)

Großschreibung von substantivierten Pronomen, Zahlwörtern und Mengenadjektiven

Ein weiteres Übergangsfeld zwischen Groß- und Kleinschreibung liegt bei Pronomen und Mengenbezeichnungen. Pronomen sind Wörter, die für sich allein dieselben Verwendungen wie vollständige Nominalgruppen haben können, z. B. *das rote Haus gefällt ihr* **aber:** *dies gefällt ihr* (Pronomen *dies*). Viele Pronomen sind auch Mengenangaben unterschiedlicher Art. Man bezieht sich mit ihnen auf einzelne Individuen *(dieser war es)*, auf Individuen in einer Menge *(jeder weiß es)*, auf Mengen von Individuen *(alle wissen es)*, auf ungegliederte Substanzen *(alles ist angebrannt)* usw. Die verschiedenen Arten von Bedeutungen führen dazu, dass sich Pronomen auf unterschiedliche Weise mit Artikeln, anderen Pronomen, Zahlwörtern und Mengenadjektiven verbinden. Dabei entstehen Ausdrücke, in denen Pronomen, Zahlwörter und Mengenadjektive einem Substantiv mehr oder weniger ähnlich sind. Das kann so weit gehen, dass man sie als substantiviert anzusehen hat.

R 51 Substantivierte Pronomen, Zahlwörter und Mengenadjektive werden großgeschrieben.

Die folgenden Beispiele sollen den Übergang von Klein- zu Großschreibung zeigen. Sie sind grob danach geordnet, wie hoch die ‚Substantivität' des Kerns jeweils ist. Der Hang zur Großschreibung tritt von Beispielgruppe zu Beispielgruppe deutlicher hervor. Die Wörter, auf die es in den Beispielsätzen ankommt, sind jeweils extra genannt.

- ***mancher, niemand, aller, jener, dieser, einiger, keiner, jemand***

Die Pronomen *mancher, niemand, aller, jener, dieser, einiger, keiner, jemand* stehen grundsätzlich ohne Artikel und werden daher kleingeschrieben, auch wenn sie als Stellvertreter von Nominalgruppen gebraucht werden:

niemand	*niemand kann jetzt sagen...; ich möchte niemandem zu nahe treten*
mancher	*sie hat manchem geholfen; manche haben sich dem verweigert*
aller	*es waren alle da; ich möchte allen herzlich danken;*
jener, dieser	*jene, die mich unterstützt haben...; ich rufe jenen zu*
einiger	*einige kamen zu spät; dies erreicht nur einige*
etwas	*etwas ist hier faul; ich weiß etwas*
nichts	*von nichts kommt nichts; nichts kann daran etwas ändern*
jemand	*ihm sollte jemand Bescheid sagen*

Beachte

» *niemand, etwas, nichts* können in bestimmten Zusammenhängen substantiviert sein, sie werden dann großgeschrieben

er ist ein Niemand
ein gewisses Etwas
ins Nichts stürzen; das Nichts

- ***jeder, beide, solcher, meiner, deiner, unser***

Diese Pronomen können mit Artikel stehen, sie werden dennoch kleingeschrieben. Nur bei den Possessivpronomen *meiner, deiner, unser* ist daneben Großschreibung zulässig:

jeder	*jeder kann daran teilnehmen; ein jeder kehre vor seiner; ein jeder von uns*
beide	*beide konnten nicht kommen; jemand muss es den beiden sagen; die beiden wollten sich revanchieren*
solcher	*als solches; solche kommen selten vor; ein solches ist mir geschehen*
meiner; deiner	*meine konnten nicht; die meinen/Meinen; das meine/Meine; das deine/Deine;* auch: *die meinigen/Meinigen; die deinigen/Deinigen;* aber nur: *Mein und Dein nicht unterscheiden*
unser	*sie erinnern sich unser; die unseren/Unseren*

- ***viel, wenig, ein, ander***

Die Zahladjektive *viel, wenig, ein, ander* schreibt man im Allgemeinen mit allen Flexionsformen klein. Wenn sie durch Artikel oder Attribute näher bestimmt sind, dann ist auch Großschreibung möglich:

viel	*viele vergaßen es, viel zu viel; die Freude der vielen/Vielen, ich stimme mit ihm in vielem/Vielem überein*
wenig	*nur wenige zahlten; das wenige/Wenige aus der Vorkriegszeit; die wenigsten/Wenigsten; man kann mit (sehr) wenigem/Wenigem auskommen; um ein weniges/Weniges*
ein; ander	*einer wird gewinnen; andere haben nicht so viel Glück; die einen/Einen sagen dies, die anderen/Anderen das; das ist etwas anderes/Anderes; wenig anderes/Anderes ; niemand anderer/Anderer*

- ***einzeln, unzählig, einzig, meist, ganz, übrig, letzte, ähnlich, verschieden***

Diese Zahlwörter und Mengenadjektive werden bei Substantivierung großgeschrieben, nur beim Adjektiv *meist* kann in diesen Fällen groß- oder kleingeschrieben werden.

einzeln	*einzelne Besucher gingen; der Einzelne ist dagegen machtlos; Einzelnes blieb unklar; Einzelne applaudierten*
unzählig	*unzählige Menschen; unzählige Male; Unzählige klatschten; das Konzert zog Unzählige an*
einzig	*der einzige Zeuge; kein Einziger überlebte; die Einzige; als Einziger von hundert*
meist	*die meisten Arbeitnehmer; die meisten/Meisten folgten seiner Argumentation; ich habe das meiste/Meiste getan*
ganz	*die ganzen Überstunden; das Ganze; aufs Ganze gehen; im Großen und Ganzen; im großen Ganzen*
übrig	*die übrigen Bücher; alles Übrige; alle Übrigen; das wird ein Übriges tun; im Übrigen*
letzter	*in der letzten Reihe sitzen; das ist das Letzte; als Letzter ins Ziel kommen; der Letzte; bis zum Letzten kämpfen*
ähnlich	*ähnliche Probleme; das Ähnliche; Ähnliches habe ich auch erlebt; etwas Ähnliches*
verschieden	*verschiedene Gerichte; sie sind sehr verschieden; Verschiedene haben sich schon gemeldet; ich kann Verschiedenes für Sie tun*

Zahlwörter

Wörter für Kardinalzahlen werden auch mit Artikel kleingeschrieben, substantivierte Grundzahlen als Bezeichnung von Ziffern schreibt man dagegen groß, z. B. *er setzte alles auf die Drei*. Die *Hundert* wie die *Tausend* kann als Mengeneinheit aufgefasst und dann großgeschrieben werden *(drei vom Hundert, ein halbes Tausend).* Drückt *hundert* oder *tausend* eine unbestimmte Menge aus, kann groß- oder kleingeschrieben werden, z. B. *viele hunderte/Hunderte.* Von der *Million* an sind die Zahlwörter Substantive und werden großgeschrieben *(eine Million, Milliarde, Billion).*

eins, zwei, drei etc.	*die drei werden es schon schaffen; zwei sind nicht genug*
Eins, Zwei etc.	*die Drei ist meine Glückszahl; er würfelt eine Sechs*
hundert/Hundert, tausend/Tausend	*es kamen hundert Personen; tausend Euro; viele hunderte/Hunderte Menschen; ein paar tausend/Tausend; sie kamen zu hunderten/Hunderten*

Million	*eine Million Menschen; Millionen demonstrierten*
erster, zweiter, dritter	*der zweite Absatz; er kam als Erster durchs Ziel; am Achten des Monats; er wurde Zwölfter; jeder Zweite; vom Hundertsten ins Tausendste*
drittel, viertel, achtel etc.	*ein achtel Liter* (oder *ein Achtelliter*); *ein achtel Quadratkilometer*
Drittel, Viertel, Achtel etc.	*ein Achtel des Zimmers; zwei Drittel des Umsatzes*

Großschreibung von Bezeichnungen für Tageszeiten

R 52 Bezeichnungen von Tageszeiten, die nach Zeitadverbien stehen und formgleich mit Substantiven sind, werden großgeschrieben.

Die Regel betrifft Wörter wie *Morgen, Vormittag, Mittag, Nachmittag, Abend, Nacht* in Verbindung mit Zeitadverbien wie *heute, gestern, übermorgen*, z. B.

heute Morgen, vorgestern Abend

aber:

Du weißt, dass ich morgen komme?

In Verbindung mit Bezeichnungen für Wochentage gilt ausschließlich Zusammenschreibung: *Dienstagmorgen, Mittwochvormittag, Freitagnacht.*

Wörter mit dem Wortbildungssuffix *-s* wie *morgens, nachts* sind Adverbien und werden kleingeschrieben. Einen Sonderfall stellt die Schreibung *des Nachts* analog zu *des Tages, des Weges* dar. *Nachts* wird hier großgeschrieben, obwohl es nicht zum Substantiv *Nacht* gehört (*die Nacht*, der Genitiv lautet *der Nacht*).

Großschreibung von festen Verbindungen aus Adjektiv und Substantiv

Adjektive und Substantive können feste Verbindungen der Art eingehen, dass sie zusammen den Kern einer Nominalgruppe bilden.

R 53 Feste Verbindungen aus Adjektiv und Substantiv, die gemeinsam den Kern einer Nominalgruppe bilden, können großgeschrieben werden.

In einer festen Verbindung wie *Rote Karte/rote Karte* (im Fußball) kann das Adjektiv nicht vom Substantiv getrennt werden. Schiebt man beispielsweise ein weiteres Adjektiv ein wie in *eine rote kleinformatige Karte,* dann ist nicht mehr von der *Roten Karte* im übertragenen Sinne die Rede. *Rot* und *Karte* gehören in diesem Fall untrennbar zusammen, deshalb kann groß- oder kleingeschrieben werden. In solchen Verbindungen haben Adjektiv und Substantiv eine gemeinsame Bedeutung, die sich nicht aus der wörtlichen Bedeutung (Grundbedeutung) der beiden Wörter ergibt.

feste Verbindung	Bedeutung
Schwarzes/schwarzes Brett	Anschlagtafel
Gelbe/gelbe Karte	im Fußball
Blauer/blauer Brief	amtliches Schreiben
Grüne/grüne Lunge	Grüngürtel, Wald als Sauerstoffreservoir
Runder/runder Tisch	Verhandlung unter Gleichberechtigten
Schwarze/schwarze Kunst	Buchdruckerkunst
Kleine/kleine Anfrage	im Bundestag
Erste/erste Hilfe	medizinische Erstversorgung
Weißer/weißer Tod	Tod durch Lawine

Großschreibungen dieser Art kommen besonders häufig in manchen Fachsprachen vor. Für einige Verbindungen wurde Großschreibung als einzige Schreibweise festgelegt, insbesondere für Ehren- und Amtsbezeichnungen:

Heiliger Vater
Regierender Bürgermeister
Königliche Hoheit

sowie für besondere Kalendertage:

Heiliger Abend, Erster Mai

Diese festen Verbindungen aus Adjektiv und Substantiv dürfen nicht mit den in mancher Beziehung verwandten Eigennamen vom Typ *Atlantische Allianz, Blauer Planet* verwechselt werden. Solche Eigennamen werden bei Großschreibung im Allgemeinen nur mit dem bestimmten, nicht auch mit dem unbestimmten Artikel verwendet (*der Blaue Planet*, nicht aber *ein blauer Planet* als Bezeichnung für den Planeten Erde). Weitere Beispiele:

der Weiße Nil
das Weiße Haus
die Alte Welt
das Grüne Gewölbe (Dresden)

4. Großschreibung von Eigennamen und ihren Ableitungen

Viele Eigennamen bestehen aus einem Wort *(Charlotte, Schuhmann, Elbe, Thailand)*. Sie bilden eine Teilklasse der Substantive und werden deshalb großgeschrieben. Bestehen Eigennamen aus mehreren Wörtern mit nichtsubstantivischen Bestandteilen *(Adam von Trott zu Solz, Furth im Wald)*, dann bedarf es besonderer Schreibregeln.

Großschreibung von Eigennamen

R 54 Eigennamen werden großgeschrieben.

Eigennamen dienen der Identifizierung von Personen, Dingen, Orten und anderen Einzelwesen unterschiedlicher Art innerhalb einer mit dem Eigennamen gegebenen Menge. So identifiziert man mit *Lisa* ein Individuum innerhalb einer Menge von weiblichen Wesen, mit *Krefeld* eine Stadt in einer Menge von Orten, mit *Luxemburg* eine Stadt oder ein Land usw. Das jeweils Identifizierte muss nicht ein einzelnes Ding im Sinne eines einzelnen Individuums sein, sondern kann selbst durchaus aus vielen Einzelwesen bestehen. So identifiziert man mit *Lehmann* eine Familie in einer Menge von Familien und mit *Schwalbenschwanz* eine Schmetterlingsart innerhalb der Menge von Arten, die zu den Tagfaltern gehören.

Die Identifizierung von Individuen innerhalb einer gegebenen Menge findet bei Eigennamen, die aus mehreren Wörtern bestehen, in derselben Weise statt wie bei einfachen. Mit *Schwarzes Meer* identifiziert man ein Gewässer, mit *Roter Milan* eine Art unter den Greifvögeln, mit *Siebenjähriger Krieg* ein historisches Ereignis. Wie gesagt: das mit einem Eigennamen Identifizierte kann komplex und abstrakt sein und es kann insbesondere selbst Mengen von Individuen umfassen. Bezeichnungen für Familien, Arten und Gattungen sind Eigennamen dieser Art. Weitere Beispiele:

Personen-/Familiennamen	*Klaus, Tim, Viktoria, Lisa*
geografische Eigennamen	*Rotes Meer, Stiller Ozean, Weißer Nil*
biologische Namen für Gattungen, Arten, Rassen	*Fleißiges Lieschen, Dänische Dogge, Deutscher Schäferhund, Schwarze Witwe*
bestimmte historische Ereignisse und Epochen	*der Zweite Weltkrieg, der Dreißigjährige Krieg, der Schwarze Freitag, der Kalte Krieg*

In mehrwortigen Eigennamen schreibt man das erste Wort sowie alle weiteren Wörter groß, soweit sie nicht Artikel, Präpositionen oder

Konjunktionen sind (zum Bindestrich in zusammengesetzten Eigennamen **R41**):

> *Neustadt am Rübenberge, Rothenburg ob der Tauber, Elfriede von Thurn und Taxis, Jürgen von der Lippe, Deutsches Historisches Museum, Institut für Angewandte Familienforschung*

In einigen Fällen ist ein Artikel als erstes Wort fester Bestandteil eines selbstgegebenen Eigennamens. Der Artikel wird dann großgeschrieben, z. B. in Namen von Zeitungen und Zeitschriften wie *Die Welt, Die Zeit, Der Wachtturm, Der Blinker.* Erscheint der Artikel im laufenden Text in anderer als der Grundform, dann wird er kleingeschrieben, z. B. *Es stand in der Welt. Die Leserbriefe des Blinkers sind interessant.*

Die Großschreibung gilt nicht für Artikel, die Bestandteil von anderen Eigennamen wie etwa geografischen Namen sind. Man schreibt sie klein, z. B. *der Iran, die Äußere Mongolei, die Alpen, das Languedoc.*

Erscheinen Bestandteile wie *von, van, zu* im laufenden Text als erstes Wort eines Eigennamens, dann werden sie kleingeschrieben, z. B. *Ein Bild van Goghs schmückt jedes Heim. Lies bitte bei von Weizsäcker nach.*

Ableitungen von Eigennamen

R 55 Ableitungen von geografischen Eigennamen auf *-er* schreibt man groß. Andere adjektivische Ableitungen von Eigennamen werden kleingeschrieben.

Ableitungen von geografischen Namen auf *-er* wie *Münchner* oder *Württemberger* können als adjektivische Attribute bei Substantiven stehen *(Münchner Universitäten, Württemberger Wein).* Sie sind dann unveränderlich (nicht flektierbar) und werden großgeschrieben:

> *einem Pariser Baudenkmal, den Regensburger Domspatzen, des Burgenländer Weins, Schweizer Käse*

Alle übrigen adjektivischen Ableitungen von Eigennamen werden wie die Adjektive sonst kleingeschrieben:

> *die ungarische Grammatik, ein freudscher Versprecher, basedowsche Krankheit, mozarthafte Lieder, goethekundige Studenten*

Soll ein Personenname in einem Adjektiv auf *-sch* besonders hervorgehoben werden, so kann das Suffix *-sch* mit Apostroph abgetrennt und der Personenname großgeschrieben werden (dazu auch **R61**):

> *ein Freud'scher Versprecher; Basedow'sche Krankheit*

Groß- und Kleinschreibung auf einen Blick

Substantive

Substantive werden großgeschrieben. Zu den Substantiven gehören auch die Substantivierungen. Eine Substantivierung lässt sich daran erkennen, dass sie durch Artikel oder Attribute näher bestimmt werden kann:

Adjektiv	*die drei Neuen*
Partizip	*der Abgeordnete*
Verb	*ausgiebiges Wandern*
Konjunktion	*das ewige Aber*

- Auch Substantivierungen in festen Wendungen werden großgeschrieben: *im Allgemeinen, im Großen und Ganzen*
- Bestimmte feste Wendungen aus Präposition und dekliniertem Adjektiv können groß- oder kleingeschrieben werden: *seit langem/ Langem, von nahem/Nahem, bis auf weiteres/Weiteres, ohne weiteres/ Weiteres* **aber:** *von nah und fern, da steht es schwarz auf weiß*

Desubstantivierungen

- Desubstantivierte Wörter werden kleingeschrieben, vor allem wenn sie mit *sein* verwendet werden: *angst, bange, gram, leid, not, pleite, recht, schnuppe: ihm ist angst, sie ist ihm fremd, das ist ihm schnuppe* **aber:** *er hat Angst, er hat Schuld, er ist einsame Spitze*
- Die Wörter *recht, unrecht* können in Verbindung mit *behalten, bekommen, geben, haben, tun* klein- oder großgeschrieben werden: *er gibt ihm recht/Recht, du tust ihm unrecht/Unrecht*

Wortreihen/Mehrteilige Fügungen

- Bei Aneinanderreihungen und mehrteiligen Fügungen werden das erste Wort sowie alle weiteren Substantive großgeschrieben: *das Auf-der-Lauer-Liegen, der Status quo*

Pronomen

- Die Pronomen *niemand, mancher, aller, jener, dieser, einiger, etwas, nichts, jemand, jeder, beide* werden kleingeschrieben. **Aber:** *ein gewisses Etwas, er ist ein Niemand, ins Nichts stürzen*
- Die Possessivpronomen *meiner, deiner, unser* werden kleingeschrieben. Stehen sie mit Artikel, ist daneben auch die Großschreibung möglich: *die meinen/Meinen, die deinigen/Deinigen*

Anredepronomen

- Das höfliche Anredepronomen *Sie* wird in allen Formen großgeschrieben: *Kommen Sie bitte! Vergessen Sie Ihren Koffer nicht!*
- Das Anredepronomen *du* wird in allen Formen kleingeschrieben.

In Briefen ist daneben auch die Großschreibung zugelassen:
Kommst du bitte? Lieber Konrad, ich hoffe, du/Du kannst ...

Zahlwörter und Mengenbezeichnungen

- Die Mengenbezeichnungen *viel, wenig, ein, ander* werden kleingeschrieben, bei Substantivierung ist daneben auch Großschreibung möglich: *das wenige/Wenige, die einen/Einen, die anderen/Anderen*
- Zahlwörter und Mengenadjektive *einzeln, unzählig, einzig, meist, ganz, letzter, verschieden* werden kleingeschrieben, bei Substantivierung schreibt man hingegen groß: *kein Einziger, im Großen und Ganzen, Verschiedene haben sich schon gemeldet*
- Zahlwörter unter einer Million schreibt man klein: *bis drei zählen, an die dreißig kamen, er ist über siebzig.* Zahlsubstantive hingegen schreibt man groß: *eine Sechs würfeln, eine Drei im Zeugnis bekommen*
- Großschreibung, wenn die Zahlwörter *hundert* oder *tausend* eine unbestimmte Menge ausdrücken: *hunderte/Hunderte waren gekommen, mehrere tausend/Tausend Menschen*

Tageszeiten

- Die Ausdrücke für Tageszeiten werden nach den Zeitadverbien *heute, gestern, morgen, übermorgen* großgeschrieben: *heute Morgen, morgen Vormittag, gestern Abend*
- In Verbindung mit Wochentagen: *Montagmorgen, Sonntagabend*

Großschreibung von Eigennamen, Titeln, Jahrestagen

Eigennamen	*Vincent van Gogh, Rothenburg ob der Tauber*
Einwohnerbezeichnungen auf *-er*	*der Berliner Bär, Schweizer Käse, Freiburger Münster*
Titel	*Regierender Bürgermeister, Heiliger Vater*
Kalendertage	*der Weiße Sonntag, Heiliger Abend, Erster Mai*
Namen für Gattungen, Arten etc.	*Dänische Dogge, Golden Delicious*
historische Ereignisse, Epochen	*der Dreißigjährige Krieg, der Zweite Weltkrieg, der Schwarze Freitag*

Feste Verbindungen aus Adjektiv und Substantiv

Bei übertragenem Gebrauch ist bei einigen, vorwiegend fachsprachlich gebrauchten Verbindungen aus Adjektiv und Substantiv Groß- oder Kleinschreibung möglich: *rote/Rote Karte* (im Fußball), *schwarzes/Schwarzes Brett* (Anschlagtafel), *blauer/Blauer Brief* (Amtsschreiben).

E Worttrennung am Zeilenende

Worttrennungsregeln haben die Besonderheit, dass man sie anwenden kann, niemals aber anwenden muss. In handgeschriebenen Texten lässt sich die Worttrennung meist ohne Auffälligkeit vermeiden, während sie in der Textverarbeitung automatisch erfolgen kann. Doch selbst manche Worttrennprogramme arbeiten fehlerhaft. Schon deshalb ist es sinnvoll, sich die Regeln der Worttrennung vor Augen zu führen.

Grundregel der Worttrennung

R 56 Geschriebene Wortformen trennt man am Zeilenende so, wie sie sich beim langsamen Vorlesen in Silben zerlegen lassen.

Bau-er, steu-ern, na-iv, Mu-se-um, eu-ro-pä-i-sches, na-ti-o-nal, dre-hen, neh-men, Haus-tür, Be-fund, ehr-lich, Eh-rung

Die Abtrennung einzelner Vokalbuchstaben am Anfang oder am Ende einer Wortform ist nicht zugelassen. Formen wie *Atem, oben, Ecke, Kleie, Treue, Leo, laue* sind nicht trennbar.

Da die Grundregel auf das Sprechen und damit auf das Verhältnis von Lauten und Buchstaben Bezug nimmt, werden die Buchstabenverbindungen *ch, ck, sch, th, ph, sh, gh* und *rh* nicht getrennt, wenn sie einem Konsonanten entsprechen. Man trennt *Kü-che, Bä-cker Wä-sche, My-then, Gra-phik, Gei-sha, Jo-ghurt, Myr-rhe*. Andererseits bezieht sich die Grundregel nicht auf das Sprechen allgemein, sondern auf die Aussprache beim Vorlesen. Damit wird auch eine Verbindung zum Geschriebenen hergestellt. Das ist für viele Trennungen von Bedeutung, z. B. in *so-zi-a-les, Le-gu-a-ne*. Das *a* ergibt sich als Einzelsilbe nicht einfach beim Sprechen, sondern beim langsamen Vorlesen. Viele Sprecher sagen ja [zo-tsjaː-ləs], [leː-guaː-nə]. Bei dieser Aussprache würde sich das *a* nicht als Silbe ergeben.

Die Grundregel der Worttrennung stützt sich auf das Sprachgefühl des Schreibenden. Weil sie in einigen Fällen nicht zu einem eindeutigen Ergebnis führt, sind in den folgenden Bestimmungen weitere Einzelheiten geregelt. Sie dienen der Verdeutlichung der Grundregel.

Morphologische Trennungsregel

R 57 Bestandteile von Zusammensetzungen, Präfixe sowie Suffixe, die mit genau einem Konsonanten beginnen, können getrennt werden.

Die Regel besagt, dass bei komplexen Wörtern dort getrennt werden kann, wo bestimmte morphologische Grenzen liegen. An diesen Stellen liegen immer auch Silbengrenzen (nicht unbedingt Sprechsilben), deshalb darf hier getrennt werden. Die folgenden Beispiele zeigen die Trennung von Zusammensetzungen, von Präfixen und von Suffixen. Dabei werden nur die Trennmöglichkeiten gezeigt, die sich aus **R57** ergeben.

Zusammensetzung	*Regel-formulierung, Straßen-bauamt, Straßenbau-amt, Demo-skopie, Päd-agoge, weg-laufen, auf-passen, anwendungs-bezogen, an-wendungsbezogen*
Präfix	*ent-gehen, be-gleiten, Er-trag, Ver-rat, un-wichtig, syn-chron, Pro-gramm, In-stitut, Kon-trakt, Kol-lege*
Suffix	*wirk-lich, Wag-nis, Frech-heit, Fremd-ling, Sport-ler, Freund-schaft, Freund-chen, Herois-mus*

Bei mehrsilbigen Wörtern, die nicht nach **R57** getrennt werden können, fällt die Silbengrenze nicht mit einer morphologischen Grenze zusammen. Es gilt die silbische Trennungsregel.

Silbische Trennungsregel

R 58 Zwischen Vokalbuchstaben, die zu verschiedenen Silben gehören, darf getrennt werden. In allen anderen Fällen wird vor dem letzten Konsonantbuchstaben zwischen den Silben getrennt.

Die folgenden Beispiele zeigen, wie getrennt wird:

- wenn zwischen den Vokalen verschiedener Silben kein Konsonantbuchstabe steht:
  blau-es, Schlei-er, Stau-ung, trau-ern, Schrei-erei, Spi-on, Po-et, kongru-iert, Dada-ist, Lobby-ismus
- wenn zwischen ihnen genau ein Konsonantbuchstabe steht:
  Au-ge, Bre-zel, He-xe, bei-ßen, Rei-he, Hei-zung, Lö-win, kri-tisch, Trai-ning, mo-bil, Mo-bi-li-tät, vi-tal
- wenn mehrere Konsonantbuchstaben stehen:
  El-tern, Gar-be, Wün-sche, wit-zig, fal-len, Pap-pe, sin-gen, erns-tes, wenigs-tes, Karp-fen, stamp-fen, Imp-fung, Gers-te, schwüls-tig

Die Trennung nach Sprechsilben weicht z. T. ab: **nicht:** *Kar-pfen.*

Besondere silbische Trennung bei Fremdwörtern

R 59 Ist in einem Fremdwort der letzte von mehreren Konsonantbuchstaben ein *r*, *l* oder *n*, dann ist der vorausgehende Konsonantbuchstabe mit abtrennbar.

a. *Fe-bruar/Feb-ruar, no-bles/nob-les, Zy-klus/Zyk-lus,Recy-cling/Recyc-ling, Pu-blikum/Pub-likum, Sta-gnation/Stag-nation*
b. *Hy-drant/Hyd-rant, mons-trös/monst-rös, Ni-trat/Nit-rat*

Man sieht, dass die Regel besonders dann angewendet werden sollte, wenn die vorausgehende Silbe betont ist wie bei den Beispielen in b. Trennungen wie *Hyd-rant* oder *monst-rös* sind zwar zugelassen, sie entsprechen aber nicht dem Sprachgefühl über ‚richtige' Trennung. **R59** gilt ausdrücklich nur für Fremdwörter. Trennungen von Wörtern des Kernwortschatzes wie **nie-drig, *knus-prig, *ne-blig, *Ga-blung, *Ge-gner* sind nicht zugelassen.

Toleranzregel zur Worttrennung

Bei zahlreichen Fremdwörtern, besonders bei Fremdwörtern mit Bestandteilen aus dem Lateinischen und Griechischen, lassen sich die morphologischen Bestandteile nur erkennen, wenn man über entsprechende Sprachkenntnisse verfügt. Ähnliches gilt für einige heimische Wörter, deren Struktur ohne sprachgeschichtliches Wissen nicht durchsichtig ist. In solchen Fällen gilt die Toleranzregel:

R 60 Erkennt oder weiß ein Schreiber nicht, welche morphologischen Bestandteile im Sinne der morphologischen Trennungsregel ein Wort enthält, so kann er nach der silbischen Trennungsregel trennen.

heimisch	*hin-auf/hi-nauf, her-an/he-ran, dar-um/da-rum, war-um/wa-rum*
fremd	*Chrys-antheme/Chry-santheme, Hekt-ar/Hek-tar, Päd-agoge/Pä-dagoge*

Worttrennungen unterbrechen den Lesefluss, insofern zusätzlich zum Zeilenwechsel auch noch ein Wort aus den getrennten Bestandteilen wieder zusammengesetzt werden muss. Deshalb sollte man sehr komplexe Zusammensetzungen wenn möglich an der Hauptfuge trennen. Auch sollte man zugelassene, aber sinnentstellende Trennungen wie die berühmten *Kast-rat* (statt *Kas-trat*), *Frust-ration* (statt *Frus-tration*), *Anal-phabet* (statt *An-alphabet*) usw. vermeiden.

Worttrennung auf einen Blick

Grundsätzlich können alle Wörter am Zeilenende nach Sprechsilben getrennt werden. Der letzte Konsonantbuchstabe kommt dabei in der Regel auf die neue Zeile. In den meisten Fällen ergibt sich damit gleichzeitig eine Trennung nach Wortbestandteilen (morphologische Trennung).

Morphologische Trennregel

Es kann getrennt werden

- zwischen Bestandteilen von Zusammensetzungen: *Konstruktions-fehler, Regel-formulierung, Straßen-bauamt, Straßenbau-amt, Demo-skopie, trans-alpin, Päd-agogik*
- zur Abtrennung von Präfixen sowie Suffixen, die mit einem Konsonantbuchstaben beginnen: *an-kommen, auf-passen, ent-gehen, Fremd-ling, Pro-gramm, wirk-lich, Männ-lein*

Silbische Trennregel

Es kann getrennt werden

- zwischen Vokalbuchstaben, die zu verschiedenen Silben gehören: *blau-er, Stau-ung, Spi-on, steu-ern, na-iv*
- wenn zwischen den Silben genau ein Konsonantbuchstabe steht, wird vor diesem Konsonantbuchstaben abgetrennt: *Au-ge, Bre-zel, bei-ßen, Lö-win*
- wenn zwischen den Silben mehrere Konsonantbuchstaben stehen, wird vor dem letzten von ihnen abgetrennt: *El-tern, fal-len, Geg-ner, Gers-te, müss-te, sin-gen, nied-rig, neb-lig*

Beachte: Einzelne Vokalbuchstaben am Anfang und Ende eines Wortes dürfen nicht abgetrennt werden: **E-sel, *Klei-e.* Die Buchstabenverbindungen *ch, ck, sch, th, ph, sh, gh, rh* werden nicht getrennt, wenn sie einem Konsonanten entsprechen: *Bä-cker, Goe-the, Wa-che.*

Konsonantische Trennung bei Fremdwörtern

Ist in Fremdwörtern der letzte von mehreren Konsonantbuchstaben ein *r, l* oder *n,* kann – auch entgegen der Trennung nach Sprechsilben – der letzte von ihnen abgetrennt werden: *Mag-net, Feb-ruar.*
Beachte: Sinnentstellende Trennungen wie die folgenden sollten vermieden werden: *Frust-ration, Kast-rat.*

Toleranzregel

Ist bei Wörtern für den Schreibenden nicht erkennbar, aus welchen Bestandteilen sich das Wort zusammensetzt, kann auch nach Sprechsilben getrennt werden. In Fremdwörtern kann außerdem der vorletzte Konsonantbuchstabe mit abgetrennt werden, wenn er vor einem *r, l* oder *n* steht: *hin-auf/hi-nauf, dar-um/da-rum; Chrys-antheme/Chry-santheme, Hekt-ar/Hek-tar, Päd-agoge/Pä-dagoge, Ma-gnet/Mag-net.*

F Zeichensetzung

0. Vorbemerkungen: Wortzeichen und Satzzeichen

Unter dem Begriff Zeichensetzung fasst man meist den Gebrauch der sogenannten Satzzeichen zusammen, das sind solche Zeichen, die zur Abgrenzung und Verbindung von Wortformen, Wortgruppen und Sätzen dienen. Gemeinsam mit Wortabständen, Absätzen, Überschriften usw. zeigen sie dem Leser Gliederung und spezielle Funktion von Ausdrücken der geschriebenen Sprache an. In vielen Fällen wird erst durch die Satzzeichen klar, wie ein geschriebener Text zu verstehen ist. Darüber hinaus unterstützen sie die schnelle Informationsaufnahme. Satzzeichen sind eine unschätzbare Hilfe beim schnellen Lesen.

Die wichtigsten Satzzeichen des Deutschen sind Punkt, Fragezeichen, Ausrufezeichen, Komma, Semikolon, Gedankenstrich, Klammern, Doppelpunkt und Anführungszeichen. Ihre Verwendung ist zum weitaus überwiegenden Teil grammatisch geregelt: Wo ein Satzzeichen stehen kann oder stehen muss, lässt sich nur unter Bezug auf die grammatische Gliederung des jeweiligen Ausdrucks feststellen. Es gibt aber auch Vorkommen, die grammatisch kaum oder nur sehr allgemein fassbar sind.

Von den Satzzeichen lassen sich die Wortzeichen unterscheiden. Wortzeichen sind fest an einzelne Wortformen gebunden oder dienen dazu, Wortformen intern zu gliedern. Einige Zeichen können als Wortzeichen wie als Satzzeichen verwendet werden. Am Schluss eines Satzes ist der Punkt ein Satzzeichen, bei Abkürzungen *(Nr., Tel., z. B., d. h., sog.)* ist er meist ein Wortzeichen. Auch Klammern sind in der Regel Satzzeichen, sie können aber durchaus wortintern verwendet werden, z. B. in Formen wie *(haupt)beruflich, un(ver)mittelbar, der Klein(st)e.* Dasselbe gilt für den Schrägstrich, mit dem man Alternativen auch wortintern bezeichnen kann wie in *Über-/Unterordnung, be-/entwässern.*

1. Wortzeichen

Neben Punkt, Klammern und Schrägstrich verwendet das Deutsche als wichtigste Wortzeichen den Apostroph und den wortinternen Strich. Letzterer dient einmal als Ergänzungsstrich wie in *Haupt- und Nebenkläger, Autoverkauf oder -reparatur, Gebäudeein- und -ausgänge.* Als Bindestrich hat er seine Hauptfunktion bei der Gliederung von Zusammensetzungen **(R39)**, als Trennstrich bei der Worttrennung **(R56)**.

Apostroph

R 61 Der Apostroph wird dort verwendet, wo ein Teil einer Wortform als ausgelassen markiert werden soll.

- Bezugspunkt für die Verwendung des Apostrophs ist das geschriebene Standarddeutsche, in dem nur grammatisch vollständige Wortformen vorkommen. Deshalb wird bei Substantiven, deren Grundform auf *s, ß, z* oder *x* endet, ein stummes Genitiv-*s* durch einen Apostroph markiert. Die weitaus meisten Fälle dieser Art betreffen Eigennamen, z. B.

  Josef Göbbels' Auftritte
  von Polenz' Sprachgeschichte
  Asterix' Heldentaten

  Ein Apostroph wird auch gesetzt, wenn das *s* schon in der Grundform stumm ist, z. B. *der Parcours* und im Genitiv *die Schwierigkeiten dieses Parcours'.*

- Der Apostroph erscheint häufig dann, wenn aus bestimmten Gründen Teile von Wortformen weggelassen werden, z. B. aus rhythmischen Gründen in poetischen Texten *(welch sel'ge Erwartung; musst' es eben leiden; ich träumt' in seinem Schatten; das Wasser rauscht')* oder aus Platzgründen in Fußballtabellen *(FC K'lautern, Fort. D'dorf).*

- Mit dem Apostroph kann darauf hingewiesen werden, dass Ausdrücke eines geschriebenen Textes gesprochene Umgangssprache oder gesprochenen Dialekt wiedergeben.

  Das war 'ne Katastrophe.
  Sie hat'n mit'm Messer bedroht.
  Ham's scho' g'hört?

- Der Apostroph kann als Trennzeichen bei Adjektiven verwendet werden, die aus einem Eigennamen und dem Suffix *-sch* bestehen. Der Eigenname wird bei Abtrennung großgeschrieben, z. B. *schubertsche Lieder* aber: *Schubert'sche Lieder* **(R55).**

Beachte

» Schon seit langer Zeit wird der Apostroph nicht nur als Auslassungs-, sondern auch als Trennzeichen verwendet. Meist dient er zur Abtrennung des Genitiv-*s*. Dieser

Gebrauch des englischen „apostrophic genitive" ist im Deutschen standardsprachlich nicht korrekt. Sinnvoll ist der Apostroph zur Abtrennung des Genitiv-*s* nur, wenn die Grundform eines Eigennamens hervorgehoben werden soll, etwa bei Firmennamen: *Anika's Fahrradshop; Udo's Taverne*

Ebenfalls nicht korrekt ist die Setzung des Apostrophs bei anderen Vorkommen von *s* am Wortende:
falsch: *viele Opa's, frischer Lach's, Asia-Imbis's*

2. Satzschlusszeichen

Kommunikative Grundeinheit im geschriebenen Text ist der Satz. Ein Satz innerhalb eines geschriebenen Textes kann mit verschiedenen Zeichen abgeschlossen werden. Folgen ihm keine weiteren Sätze, dann stehen als Satzschlusszeichen der Punkt, das Fragezeichen und das Ausrufezeichen zur Verfügung.

Der Punkt

R 62 Das normale Schlusszeichen eines Satzes als kommunikativer Grundeinheit des Geschriebenen ist der Punkt.

Unter einem Satz im Sinne von **R62** ist einmal ein Ausdruck zu verstehen, der im grammatischen Verständnis des Begriffs vollständig ist. Häufig spricht man hier vom Ganzsatz, der die Form eines Aussage-Hauptsatzes hat.

Als Schlusszeichen dient der Punkt aber auch zur Abgrenzung von Ausdrücken, die nicht als Sätze, wohl aber als kommunikative Äußerungen vollständig sind. Der Schreiber grenzt dann Sinneinheiten ab, die man außerhalb des Textes nicht als Sätze ansehen würde:

Deshalb sahen wir uns gezwungen, sofort eine Erklärung abzugeben. Wahrscheinlich haben wir unsere Kompetenzen damit überschritten. Wahrscheinlich. Denn die Kommission hätte wohl gefragt werden müssen. Jedenfalls aber benachrichtigt werden sollen.

Die Ausdrücke *Wahrscheinlich* und *Jedenfalls aber benachrichtigt werden sollen* sind ohne Weiteres durch Punkte abschließbar. Für den Schreiber erhebt sich gar nicht die Frage, ob er sich dabei im Einklang mit einer Definition von ‚grammatisch vollständiger Satz' befindet und für den Leser gibt es keinerlei Verständnisproblem.

Fragezeichen und Ausrufezeichen

Fragezeichen und Ausrufezeichen markieren wie der Punkt den Schluss von Sätzen, sind dem Punkt gegenüber aber in der Funktion spezialisiert.

R 63 Mit dem Fragezeichen kennzeichnet man einen Satz als Frage. Mit dem Ausrufezeichen kennzeichnet man, dass die Bedeutung eines Satzes besonderen Nachdruck erhält.

Das Fragezeichen markiert einen Satz als Frage, unabhängig von seiner Form. So könnte es etwa heißen *Wahrscheinlich haben wir unsere Kompetenzen damit überschritten. Wahrscheinlich? Nein, ganz bestimmt.* Besonders häufig wird das Fragezeichen verwendet, wenn ein Ausdruck gleichzeitig die Form eines Fragesatzes hat und als Frage zu verstehen ist, z. B. *Melden Sie das der Polizei? Warum melden Sie das der Polizei?*

Ähnlich beim Ausrufezeichen. Mit ihm zeigt der Schreiber an, dass ihm die Art und Weise seiner Aussage besonders wichtig ist. Mit *Wahrscheinlich haben wir unsere Kompetenzen damit überschritten. Wahrscheinlich!* etwa wird der Leser aufgefordert, genau zu überlegen, warum gerade dieser Ausdruck und nicht ein anderer wie *möglicherweise, ganz bestimmt, auf keinen Fall* verwendet wurde. Besonders häufig steht das Ausrufezeichen, wenn ein Ausdruck gleichzeitig die Form eines Aufforderungssatzes hat und als Aufforderung zu verstehen ist, z. B. *Bring bitte auch Brot mit! Dann fahrt aber schnellstens los!*

Ausrufezeichen und Fragezeichen können in der beschriebenen Funktion auch einzelnen Teilen von Sätzen zugeordnet werden. Meist stehen sie dann in Klammern: *Wahrscheinlich (!) haben wir unsere (?) Kompetenzen damit überschritten.* Die Wirksamkeit derartiger textrhetorischer Mittel bleibt allerdings an ihre sparsame Verwendung gebunden.

Semikolon, Komma und Doppelpunkt als Schlusszeichen

R 64 Semikolon, Komma und Doppelpunkt können als Schlusszeichen dort stehen, wo der Punkt im Text zwischen Sätzen erscheint, also nicht am Ende eines Absatzes oder Textes.

Die Ersetzung des Punktes durch Semikolon oder Komma dient meist der Verbesserung des Textflusses. Satzgrenzen werden durchlässiger gemacht. Der Doppelpunkt hat eine vorausweisende Funktion. Dem Leser wird mitgeteilt, dass er im nachfolgenden Satz oder Text eine Information findet, mit der zu rechnen ist.

> *Deshalb sahen wir uns gezwungen, sofort eine Erklärung abzugeben; wahrscheinlich haben wir unsere Kompetenzen damit überschritten, wahrscheinlich: Denn die Kommission hätte wohl gefragt werden müssen, jedenfalls aber umgehend benachrichtigt werden sollen.*

Die genannten Satzzeichen haben alle auch spezielle Funktionen, in denen sie nicht in Konkurrenz zum Punkt stehen (dazu die Abschnitte 3, 4 und 7).

3. Das Komma

Das weitaus wichtigste Satzzeichen zur internen Gliederung von Sätzen ist das Komma. Meist steht eindeutig fest, wo ein Komma zu setzen ist und wo nicht. Kommaregeln sind grammatische Regeln, das Komma gehört zur Satzgrammatik. Das sogenannte rhetorische Komma spielt im Gegenwartsdeutschen eine untergeordnete Rolle. Man kann von einem rhetorischen Komma etwa dann sprechen, wenn anstelle eines Punktes ein Komma verwendet wird **(R64).** Weil die Kommasetzung im Wesentlichen grammatisch bestimmt ist, werden die einzelnen Regeln im Folgenden direkt auf die jeweilige grammatische Erscheinung bezogen.

Komma bei grammatischer Nebenordnung

Zwei oder mehr sprachliche Ausdrücke können einander grammatisch nebengeordnet sein, entweder als einfache Verknüpfung (Gleichstellung) oder als Reihung (Aufzählung).

R 65 Grammatisch nebengeordnete Ausdrücke verbindet man durch eine nebenordnende Konjunktion oder durch ein Komma.

Nebenordnende Konjunktionen im Sinne dieser Regel sind solche, die mehrfach nacheinander verwendet werden können, wie etwa *oder* in *Bach oder Haydn oder Mozart* … Zu dieser Gruppe gehören (Beispiele jeweils mit Komma oder Konjunktion):

und	*Anika und Maren; Anika, Jan und Maren; Anika und Jan und Maren* *Sie wandert, malt, liest. Sie wandert, malt und liest.*
oder	*Sie wandert, malt oder liest.*
entweder – oder	*entweder Anika, Jan oder Maren*
beziehungsweise, bzw.	*Anika bzw. Jan* *Sie wandert, malt beziehungsweise liest.*
wie, sowie	*Anika, Jan sowie Maren*
sowohl ... als/wie auch	*sowohl Anika, Jan, Fritz als auch Maren*
weder ... noch	*weder Anika, Jan noch Maren; weder Anika noch Jan noch Maren*

Verbinden die nebenordnenden Konjunktionen *und, oder, beziehungsweise/bzw., entweder – oder, nicht – noch, weder – noch* vollständige Sätze, so kann das Komma auch zusätzlich zur Konjunktion stehen.

und	*Anika besucht uns(,) und wir haben es nicht gewusst(,) und wir haben es auch nicht erwartet.*
oder	*Am liebsten spielt sie Basketball(,) oder sie fährt auf ihren Inlineskates durch die Gegend.*
beziehungsweise, bzw.	*Der Täter ist flüchtig(,) bzw. er versteckt sich.*
entweder – oder	*Entweder hat der Schiedsrichter ein Foul gesehen(,) oder der Linienrichter hat auf Abseits erkannt.*

Mehrere Adjektive – gleichrangig oder nicht?

Stehen bei einem Substantiv mehrere Adjektive, so wird durch das Komma oder die Konjunktion Nebenordnung angezeigt. So bedeuten *eine junge, erfolgreiche Dirigentin* und *eine junge wie erfolgreiche Dirigentin* dasselbe: die Dirigentin ist sowohl jung als auch erfolgreich. Dagegen kann derselbe Ausdruck ohne Komma oder Konjunktion *(eine junge erfolgreiche Dirigentin)* auch verstanden werden als „eine erfolgreiche Dirigentin, die außerdem noch jung ist". Hier liegt keine Nebenordnung der Adjektive vor, sondern *jung* bezieht sich auf *erfolgreiche Dirigentin* insgesamt.

Komma bei *aber, sondern* und *jedoch*

Die drei entgegensetzenden (adversativen) Konjunktionen verbinden aufgrund ihrer Bedeutung genau zwei (und nicht auch mehr) Ausdrücke miteinander und es gilt:

R 66 Ausdrücke, die mit *aber, sondern* und *jedoch* nebengeordnet sind, werden durch Komma verbunden.

aber	*Er ist nett, aber seine Freundin auch.*
sondern	*Er ist nicht nur besonders schlau, sondern auch besonders bescheiden.*
jedoch	*Sie hat den Weißwein mitgebracht, jedoch den Rotwein vergessen.*

Komma bei Bezugswörtern

In einem Satz wie *Der Fußballfreund, er hat sein Fernsehgerät verkauft* bezieht sich die Nominalgruppe *der Fußballfreund* auf dieselbe Person wie das Pronomen *er*. Die Nominalgruppe ist nach links aus dem Satz herausgestellt, bleibt aber an einen Ausdruck innerhalb des Satzes gebunden. Auch nach rechts kann herausgestellt werden, wobei hier ebenfalls eine Bindung an das Pronomen besteht: *Er hat sein Fernsehgerät verkauft, der Fußballfreund.* Eine andere Form von Bindung kann mit dem Pronomen *es* erfolgen. So ist in dem Satz *Er zieht es vor, nicht mitzufahren* eine Infinitivgruppe an *es* gebunden. Wörter, an die bestimmte Ausdrücke gebunden sind, nennen wir Bezugswörter.

R 67 Ausdrücke, die an Bezugswörter gebunden sind, werden durch Komma abgetrennt.

Die wichtigsten Typen von Bezugswörtern sind Pronomen und Pronominaladverbien. Pronominaladverbien sind Wörter, die zusammengesetzt sind aus *da(r)* oder *hier* und Präposition, z. B. *daran, damit, hierauf, hierdurch.* Auch der Bezug auf andere Ausdrücke in ähnlicher wie der pronominalen Funktion ist möglich, z. B. *so* oder *auf diese Weise.*

Pronomen	*Leonie und Sebastian, die sind pünktlich. Anika hat ihm geschrieben, ihrem reichen Onkel. Den Leuten zu imponieren, das versteht Gerhard. Gerhard hat es verstanden, den Leuten zu imponieren. Gerhard versteht es, den Leuten zu imponieren.*
Pronominaladverbien	*An ihren Taten, daran sollt ihr sie erkennen. Einen Satz zu gewinnen, daran glaubt Anke. Anke glaubt daran, einen Satz zu gewinnen. Die Hoffnung darauf, einen Satz zu gewinnen, gibt Anke niemals auf.*
Ausdrücke in pronominaler Funktion	*Ohne Gepäck, so geht er am liebsten auf Reisen. Ständig nörgelnd, auf diese Weise wirst du wenig erreichen.*

R67 bezieht sich ausdrücklich darauf, dass ein Ausdruck an ein Bezugswort (in besonderen Fällen auch an einen Bezugsausdruck aus mehreren Wörtern) gebunden ist. Dann wird er durch Komma abgetrennt. Damit ist nichts über das Komma ausgesagt, wenn kein Bezugswort vorhanden ist. In dem Satz *Anke glaubt daran, endlich einmal zu gewinnen* muss die Infinitivgruppe durch ein Komma abgetrennt werden. Fehlt das Bezugswort wie im Satz *Anke glaubt(,) endlich einmal zu gewinnen,* dann ist das Komma nach **R70** freigestellt. Anders bei einem echten Nebensatz. Er wird immer durch Komma abgetrennt **(R69)**, und es ist gleichgültig, ob ein Bezugswort vorhanden ist wie im Satz *Anke glaubt daran, dass sie gewinnt* oder ob kein Bezugswort vorhanden ist wie in *Anke glaubt, dass sie gewinnt.* In beiden Fällen steht ein Komma.

Komma bei Einschüben und Anfügungen

Einem Satz können Ausdrücke eingeschoben oder angefügt sein, die zur Erläuterung, Kommentierung oder näheren Kennzeichnung anderer Ausdrücke in dem Satz dienen und die nur schwach oder gar nicht in die Satzstruktur integriert sind.

R 68 Erläuternde Einschübe und Anfügungen werden durch Komma abgetrennt.

Die wichtigsten Typen von Einschüben sind:

- **Parenthesen:** Das sind eingeschobene Sätze, die nicht in die Satzstruktur integriert sind. Sie haben im übergeordneten Satz keine Satzglied- oder Attributfunktion, z. B.

  Er hat die Wohnung, sie war seine erste überhaupt, nach zwei Wochen wieder verlassen. Ein Hin- und Rückflug kostet, sie will es kaum glauben, weniger als ein einfacher Flug.

- **Appositionen:** Das sind Nominalgruppen, die einem Substantiv als nähere Bestimmung nachgestellt, aber nicht Attribute im üblichen Sinne sind, z. B.

  Aus Brasilien, dem größten Land Südamerikas, kommt der beste Kaffee. Karl May, Vertreter der Bundesrepublik Deutschland, wurde Dritter. Karl May, Bundesrepublik Deutschland, wurde Dritter.

- **Ausdrücke anderer Form,** die eine ähnliche Funktion wie Parenthesen und Appositionen haben, z. B.

  Sie hat, in dieser Beziehung ganz geschäftstüchtig, sofort unterschrieben.
  Sie hat, und zwar schon immer, genau einen Sommerhut. Wir, d. h. wir alle zusammen, haben zweitausend Euro ausgegeben.

Sind Ausdrücke der genannten Art nicht Einschübe, sondern Anfügungen an den übergeordneten Satz, so werden sie ebenfalls durch Komma abgetrennt:

Ein Hin- und Rückflug kostet weniger als ein einfacher Flug, sie will es kaum glauben. Der beste Kaffee wird in Brasilien angebaut, dem größten Land Südamerikas.

Auch syntaktisch integrierte Ausdrücke wie Attribute und Adverbiale können durch Kommas als Einschübe gekennzeichnet werden, z. B. *Er ist gestern, kurz vor Mitternacht, wohlbehalten angekommen.*
Ist der Einschub parallel zu einem anderen Ausdruck konstruiert, so wird das Komma nach dem Einschub weggelassen. Beispiel mit parallelem adjektivischen Attribut: *Sie hat genau einen, und zwar besonders scheußlichen Sommerhut.*

Die meisten Parenthesen, Appositionen usw. können auch mit Gedankenstrichen oder Klammern abgegrenzt werden, mit Klammern natürlich nur, wenn ein Einschub vorliegt. Beispiele:
Aus Brasilien – dem größten Land Südamerikas – kommt der beste Kaffee.
Der beste Kaffee kommt aus Brasilien – dem größten Land Südamerikas.
Er ist gestern (kurz vor Mitternacht) wohlbehalten angekommen.

Komma beim Nebensatz

R 69 Nebensätze werden durch Komma abgetrennt.

Die wichtigste Kommaregel des Deutschen gilt strikt. Nebensätze werden durch Komma abgetrennt, unabhängig davon, welche Form sie haben und in welcher Funktion sie auftreten. Die wichtigsten Formen von Nebensätzen sind:

Konjunktionalsatz	*Er weiß, <u>dass</u> sie verreist.* *Die Hotelleitung setzt auf besseren Service, <u>damit</u> sich die Gäste wohlfühlen.* *<u>Obwohl</u> sie sich nicht wohlfühlt, steht sie früh auf.* *Er ging zur Schule, <u>nachdem</u> die Hausarbeit erledigt war.*
Indirekter Fragesatz mit Fragewort	*Er weiß fast immer, <u>wohin</u> sie fährt.* *<u>Wie</u> die Wahl ausgeht, interessiert kaum jemanden.* *Er hat vergessen, <u>wo</u> der Schlüssel liegt.* *Sie hat keine Ahnung, <u>ob</u> er heute kommt.*
Relativsatz	*Wir kaufen das Auto, <u>das</u> am wenigsten Benzin verbraucht.* *Das Buch, <u>dessen</u> erste Seite fehlt, kauft sie trotzdem.* *<u>Was</u> du heute kannst besorgen, das verschiebe ruhig auf morgen.*
Uneingeleitete Nebensätze (meist im Konjunktiv)	*Er behauptet, der Zug <u>habe</u> Verspätung gehabt.* *Sie glaubt, er <u>sei</u> befördert worden.* *Er <u>sei</u> befördert worden, glaubt sie.*

In den meisten Fällen steht das charakteristische Einleitewort am Anfang des Nebensatzes, es kann aber auch zusammen mit einem anderen Wort die Einleitung bilden, z. B. mit einem Adverb *(besonders weil)*, mit einem Partizip *(angenommen dass)* oder mit einer nebenordnenden Konjunktion *(aber nachdem)*. Wo hier das Komma steht, lässt sich nicht allgemein angeben. In vielen Fällen ist die Bedeutung entscheidend:

Sie freut sich besonders, weil der Besuch unerwartet kam.
Sie freut sich, besonders weil der Besuch unerwartet kam.

Eine besondere Regelung gilt, wenn zwei oder mehr Nebensätze mit nebenordnenden Konjunktionen verbunden sind:

Sie nimmt an, dass du nach Köln fährst oder dass wir gemeinsam in Frankfurt bleiben. Hier wird der erste Nebensatz (*dass*-Satz) selbstverständlich durch Komma abgetrennt. Der zweite, mit *oder* angeschlossene *dass*-Satz ist dem ersten nebengeordnet. Würde vor *oder* ein Komma gesetzt, entstünde der Eindruck einer weiteren Unterordnung. Deshalb steht hier kein Komma.

Komma bei Infinitivgruppen

Infinitivgruppen verhalten sich teilweise ganz ähnlich wie Nebensätze, und es liegt nahe, sie dann wie Nebensätze mit Komma abzugrenzen wie im folgenden Beispiel.

Inge verreiste, ohne dass sie die Zeitung abbestellte.
Inge verreiste, ohne die Zeitung abzubestellen.

In anderen Fällen bestehen jedoch wesentliche Unterschiede zum Nebensatz. Deshalb gilt für Infinitivgruppen eine besondere Kommaregelung:

R 70 Infinitivgruppen werden unter genau festgelegten Bedingungen durch Komma abgetrennt. In allen anderen Fällen ist das Komma freigestellt.

Die Bedingungen, unter denen eine Infinitivgruppe durch Komma abgetrennt wird, sind die folgenden:

- Infinitivgruppen werden durch Komma abgetrennt, wenn sie mit *als, anstatt, außer, ohne, um, statt* eingeleitet sind:

  Sie wollte nichts anderes tun, als endlich nach Hause zu gehen.
  Er packte alles ein, ohne dabei viel zu überlegen.

- Infinitivgruppen werden durch Komma abgetrennt, wenn sie auf ein Pronomen (z. B. *es, das*) oder ein Pronominaladverb (z. B. *damit, davor, darüber*) bezogen sind (siehe auch **R67**):

  Sie liebt es, pünktlich anzukommen.
  Pünktlich anzukommen, das gefällt ihr.
  Er freut sich darüber, pünktlich in Mannheim zu sein.
  Pünktlich in Mannheim zu sein, darüber freut er sich

- Infinitivgruppen werden durch Komma abgetrennt, wenn sie auf ein Substantiv bezogen sind:

  die Hoffnung, pünktlich anzukommen
  ein Versuch, alles wieder in Ordnung zu bringen

Unter folgenden Bedingungen ist die Setzung des Kommas freigestellt:

- Besteht die Infinitivgruppe nur aus *zu* mit dem Infinitiv, dann kann das Komma weggelassen werden:

    Sie versteht es(,) zu leben; die Hoffnung(,) zu gewinnen.

- In allen übrigen Fällen ist das Komma ebenfalls freigestellt:

    Sie glaubt(,) einen Versuch riskieren zu können.
    Die Katze im Sack kaufen zu müssen(,) gefällt ihm nicht.

In der Tendenz wird man eher ein Komma setzen, wenn die Infinitivgruppe lang oder komplex ist, und man wird natürlich dann ein Komma setzen, wenn es der Auflösung von Mehrdeutigkeiten dient, also in Sätzen wie *Sie riet(,) ihm(,) zu helfen. Sie versuchte(,) den ganzen Tag(,) ins Kino zu gehen.*
Andererseits wird man bei Verben wie *scheinen, drohen, versprechen* dann kein Komma setzen, wenn sie ähnlich wie Modalverben verwendet werden. Also kein Komma in Sätzen wie *Sie scheint das Match zu gewinnen. Die Ölpreise drohen weiter zu steigen. Das Wetter verspricht gut zu werden.* Zur Begründung dieser Empfehlung müsste etwas weiter ausgeholt werden, man verlässt sich am besten auf sein Sprachwissen: Ein Komma würde den Satzzusammenhang stören.

4. Das Semikolon

R 71 Mit dem Semikolon können nebengeordnete Ausdrücke abgegrenzt werden. Das Semikolon steht niemals am Ende eines Textes oder Absatzes.

Semikolon als Satzschlusszeichen (d. h. zwischen Sätzen)	*Die Restauration hatte sich in einen Saal der adligen Gesellschaft verwandelt. Um neun Uhr war alles versammelt, die Fürstin und ihre Tochter waren die Letzten; viele Damen sahen sie neidisch und übelwollend an.*
Semikolon bei Aufzählungen	*Der betrunkene Hauptmann schien besonders zufrieden; rieb sich die Hände; lachte dröhnend und zwinkerte seinem Genossen zu.*

Man erkennt an den Beispielen, wie das Semikolon dort, wo es einen Punkt ersetzt, den Textfluss beschleunigt, wo es dagegen ein Komma ersetzt, den Textfluss verlangsamt (siehe auch **R64**, Texte nach Michail Lermontow).

5. Der Gedankenstrich

R 72 Ein Gedankenstrich kann dann gesetzt werden, wenn der nachfolgende Ausdruck besonders hervorgehoben oder sein Auftauchen als unerwartet oder bemerkenswert markiert werden soll.

Diese Zeitung – schreibt nur die Wahrheit.
Diese Zeitung schreibt – nur die Wahrheit.
Diese Zeitung schreibt nur – die Wahrheit.
Diese Zeitung schreibt nur die Wahrheit. – Sie lebt davon.

Der Gedankenstrich kann nicht nur innerhalb von Sätzen, sondern – wie im letzten Beispiel – auch zusätzlich zum Satzschlusszeichen verwendet werden. Weitere, ins Einzelne gehende Regeln für das Setzen des Gedankenstrichs sind kaum von Interesse. Der Schreiber kann den Gedankenstrich kaum falsch, sondern höchstens so platzieren, dass man seine Absicht nicht versteht.

6. Die Klammern

R 73 Einschübe und Nachträge jeder Art können in Klammern gesetzt werden. Auch grammatisch integrierte Ausdrücke können in Klammern gesetzt werden, soweit sie fakultativ sind.

Einschübe und Anfügungen sind z.B. Parenthesen und Appositionen:

Parenthesen	*Er hat die Wohnung (sie war seine erste überhaupt) nach zwei Wochen wieder verlassen. Ein Hin- und Rückflug kostet (sie will es kaum glauben) weniger als ein einfacher Flug.*
Appositionen	*Aus Brasilien (dem größten Land Südamerikas) kommt der beste Kaffee.* *Karl May (Vertreter der Bundesrepublik Deutschland) wurde Dritter. Karl May (Bundesrepublik Deutschland) wurde Dritter.*

Klammern werden in der Regel so gesetzt, dass der Satz auch ohne den eingeklammerten Teil grammatisch bleibt. Man kann etwa schreiben *Er hat den (roten) Schal selbst gehäkelt,* kaum aber *Er hat (den) roten Schal selbst gehäkelt.*

7. Redewiedergabe

Im Geschriebenen besteht die Möglichkeit, Texte innerhalb von Texten als wiedergegebene Rede formal zu kennzeichnen. Eine vergleichbar strikte Regelung gibt es in der gesprochenen Sprache nicht.

Anführungszeichen bei Redewiedergabe

R 74 Wörtlich wiedergegebene Ausdrücke jeder Art setzt man in Anführungszeichen.

- Sprachliche Ausdrücke, über die etwas ausgesagt wird, z. B.

  „Philosophie" ist ein altes deutsches Fremdwort. Die Nominalgruppe „guten alten Wein" steht im Akkusativ.

  Statt der doppelten Anführungszeichen werden häufig auch einfache Anführungszeichen, Fettdruck, Kursivschrift, Unterstreichung oder andere Mittel zur Hervorhebung verwendet, z. B.

  *‚Philosophie'/**Philosophie**/Philosophie ist ein altes deutsches Fremdwort.*

- Wörtlich wiedergegebene sprachliche Äußerungen, Zitate oder Gedanken. Meist spricht man zusammenfassend von direkter Rede, z. B.

  Wörtlich sagte sie: „Alles, was ich vor Gericht und bei der Polizei gesagt habe, widerrufe ich hiermit."

Doppelpunkt und Komma beim Begleitausdruck der direkten Rede

In der Regel wird die direkte Rede als Bestandteil eines übergeordneten Satzes eingeführt, in dem spezifiziert ist, welcher Art das Wiedergegebene ist, d. h. ob jemand etwas gesagt, behauptet, geschrieben, sich vorgestellt hat. Dies nennt man den Begleitausdruck der direkten Rede. Es gilt:

R 75 Geht der Begleitausdruck der direkten Rede voraus, so wird diese durch einen Doppelpunkt angekündigt. Ist der Begleitausdruck in die direkte Rede eingeschoben oder ihr nachgestellt, so wird er durch Komma abgegrenzt.

- Doppelpunkt als Ankündigung:

  Jan behauptet: „Gerhard erreicht mühelos das hohe Fis."

- Komma zur Abgrenzung des Begleitausdrucks:

  „Gerhard erreicht", so behauptet Jan, „mühelos das hohe Fis."
  „Gerhard erreicht mühelos das hohe Fis", behauptet Jan.

In diesem letzten Fall erhält die wiedergegebene Rede selbst ein Satzschlusszeichen nur dann, wenn dies ein Frage- oder Ausrufezeichen ist, nicht aber einen Punkt, z. B.

„Erreicht Gerhard das hohe Fis?", fragte Jan.

Schlusszeichen bei direkter Rede am Ende des Gesamtsatzes

R 76 Wird die direkte Rede mit dem Ende des Gesamtsatzes abgeschlossen, dann folgt ihrem Satzschlusszeichen (das vor dem Anführungszeichen steht) kein weiterer Punkt. Es kann aber ein Frage- oder ein Ausrufezeichen folgen.

- Mit Punkt bei der direkten Rede: *Jan behauptet: „Gerhard erreicht mühelos das hohe Fis."* Nicht aber: **Jan behauptet: „Gerhard erreicht mühelos das hohe Fis.".* Mit Fragezeichen bei der direkten Rede: *Jan fragt: „Erreicht Gerhard das hohe Fis?"*
  Ebenso beim Ausrufezeichen.

- Mit Fragezeichen nach dem Gesamtsatz: Hier kann es zu einer unschönen Häufung von Satzzeichen kommen, etwa wenn sowohl das Wiedergegebene als auch der Gesamtsatz als Frage gekennzeichnet wird, z. B. *Hat Jan gefragt: „Erreicht Gerhard das hohe Fis?"?*
  Ebenso beim Ausrufezeichen.

8. Zeichensetzung bei speziellen Textteilen

Für zahlreiche Textteile mit spezifischer, genau festgelegter Funktion ist die Zeichensetzung in allen Einzelheiten geregelt. Nur bestimmte Setzungen sind zugelassen, alle anderen bleiben ausgeschlossen. Die Beachtung solcher Festlegungen dient der Einheitlichkeit und Übersichtlichkeit des Textaufbaus, eine im engeren Sinne grammatische Funktion liegt aber nicht vor.

Beispielsweise setzt man im Deutschen nach Überschriften keinen Punkt, auch wenn die Überschrift ein vollständiger Satz ist. Nach Anredeformeln im Brief setzt man ebenfalls keinen Punkt, es kann aber ein Komma stehen. Für das Datum in Briefen und vergleichbaren Texten stehen Schreibweisen wie untenstehend (und neuerdings weitere wie *2009.05.14* oder *2009-05-14*) zur Verfügung.

Dienstag, 14.5.2009
14.5.2009
14.05.09

Konventionen dieser Art sind nur teilweise im amtlichen Regelwerk niedergelegt, teilweise finden sie sich in nichtamtlichen Richtlinien für das Schreiben auf Maschine oder Computer. Sie werden an dieser Stelle nicht weiter dargestellt.

Zeichensetzung: Das Wichtigste auf einen Blick

Der Apostroph

Der Apostroph wird gesetzt

- zur Markierung des Genitivs bei Substantiven, die auf *s, ß, z, x* enden: *Delacroix' Gemälde, Peter Weiss' Familie*
- bei Auslassungen von Wortteilen: *musst' es eben leiden; das war 'ne Katastrophe*
- bei Ableitungen von Namen, die mit *-sch* gebildet werden: *Schubert'sche Lieder* auch: *schubertsche Lieder*

Zur Abtrennung des Genitiv-*s* darf der Apostroph grundsätzlich nicht gesetzt werden. Zugelassen ist er nur zur Verdeutlichung von Eigennamen: *Christina's Blumenshop*

Komma bei grammatischer Nebenordnung

Das Komma wird gesetzt

- bei einfacher Aufzählung: *Karin, Walter, Tobias*
- wenn die Ausdrücke durch entgegensetzende Konjunktionen wie *aber, sondern, jedoch* verbunden sind: *Er ist nett, aber seine Freundin auch. Das ist nicht klug, sondern ausgesprochen dumm.*

Kein Komma steht

- wenn die Ausdrücke durch nebenordnende Konjunktionen wie *und, oder, entweder – oder, beziehungsweise, sowie, weder – noch, sowohl – als auch* verbunden sind: *Sie wandert, malt und liest. Sie wandert, malt oder liest.*

  Aber: wenn diese Konjunktionen ganze Sätze verbinden, ist das Komma freigestellt: *Sie besucht uns(,) und wir haben es nicht gewusst.*

Komma bei Nebensätzen

Konjunktionalsatz	*Er weiß, <u>dass</u> sie verreist. Die Hotelleitung setzt auf Service, <u>damit</u> sich die Gäste wohlfühlen. <u>Obwohl</u> sie sich nicht wohlfühlt, steht sie früh auf. Er ging zur Schule, <u>nachdem</u> die Hausarbeit erledigt war.*
Indirekter Fragesatz	*Er weiß fast immer, <u>wohin</u> sie fährt.*
Relativsatz	*Wir kaufen das Auto, <u>das</u> kaum Benzin verbraucht. Das Buch, <u>dessen</u> erste Seite fehlte, gab er zurück.*
Uneingeleiteter Nebensatz	*Er behauptet, der Zug <u>habe</u> Verspätung gehabt. Sie glaubt, er <u>sei</u> befördert worden.*

Einschübe und Anfügungen

Bei Einschüben und Anfügungen werden durch Komma abgetrennt:

- eingeschobene Sätze (Parenthesen): *Der Flug war, er kann es nicht glauben, billiger als gedacht.*
- Appositionen: *Aus Brasilien, dem größten Land Südamerikas, kommt der beste Kaffee.*
- nachgestellte Ausdrücke: *Der beste Kaffee wird in Brasilien angebaut, dem größten Land Südamerikas.*

Komma bei Bezugswörtern

Ausdrücke, die an Bezugswörter wie *daran, damit, hierauf, hierdurch, es* usw. gebunden sind, werden durch Komma abgetrennt:
An ihren Taten, <u>daran</u> sollt ihr sie erkennen. Er versteht <u>es</u>, den Leuten zu imponieren. Den Leuten zu imponieren, <u>das</u> versteht Martin.

Komma bei Infinitivgruppen

Das Komma wird gesetzt,

- wenn die Infinitivgruppe mit *als, anstatt, außer, ohne, um, statt* eingeleitet ist: *Sie taten alles, um nicht aufzufallen. Ohne weiter darüber zu diskutieren, einigten sie sich.*
- wenn die Infinitivgruppe auf ein Substantiv oder ein anderes Bezugswort bezogen ist: *die Hoffnung, endlich zu gewinnen; Sie liebt es, schnell zu fahren.*

Das Komma ist freigestellt,

- wenn die Infinitivgruppe nur aus *zu* und dem Infinitiv besteht: *die Hoffnung(,) zu gewinnen*
- in allen übrigen Fällen: *Sie hoffen(,) nicht weiter aufzufallen.*

Zeichensetzung bei wörtlicher Rede

- Wörtlich wiedergegebene Ausdrücke werden in Anführungszeichen gesetzt: *Der Begriff „Philosophie" ist ein Fremdwort.*
- Geht der wörtlichen Rede ein Begleitausdruck voraus, wird sie durch Doppelpunkt angekündigt: *Wörtlich sagte er: „Ich widerrufe meine Aussage."*
- Ist die wörtliche Rede in den Begleitsatz eingeschoben, wird sie durch Komma abgegrenzt: *„Martin erreicht", behauptet Jan, „mühelos das hohe Fis."*
- Schließt der Satz mit der wörtlichen Rede ab, dann folgt der wörtlichen Rede kein weiterer Punkt: *„Erreicht Martin das hohe Fis?"* Es kann aber ein Fragezeichen oder Ausrufezeichen folgen: *Hat Jan gefragt: „Erreicht Martin das hohe Fis?"?*